美スタイル

Beauty Style

ビューティープランナー
西尾真由美

文芸社

はじめに

私は現在【ビューティープランナー】という仕事をしています。

「美」をトータルでコーディネイトし、それを提案し、結果を出すという仕事です。

まだまだ聞き慣れない名前の職業ですが、これからどんどん社会認知され、広まっていくのではないでしょうか。

それだけ「美容（ビューティー）」は奥が深い世界であり、女性が生きていく限り興味を持ち続ける大きな市場であり、女性の夢が詰まっている世界なのです。

その世界で私はもう20年近くもただひたすらに、スキンケア、メイク、化粧品、エステ、カラーコーディネイトなど、「美容」と言われるありとあらゆる分野に関わり、その中で生活してきました。

また、私自身、セミナーや講演をしますので人前に出る機会が多く、常に不特定多数の方と接するという大変刺激のある楽しい毎日を送っています。

この仕事のおかげで、普通ならなかなか得られない最新情報や裏情報、旬な話題を知ることができ、その道の権威という方々にもお会いできるなどのチャンスがあります。

女性としては本当に恵まれた環境にいるとつくづく感謝しています。

そんな私にも、ある《転機》がありました。

それは27歳の春のこと。なぜか突然『自分創り』ということに不思議なほど強く興味を持つようになったのです。ちょうど、私の中でひとつの大きな仕事が一段落した時期だったと記憶しています。

目の前に「私自身を創りあげる」という生涯を通した目標ができたのです。

おもしろいもので、自分の意識が変わると、そのために必要な情報が次から次に自然と飛び込んでくるようになりました。

たとえば自分を磨く方法、生きることの意味、精神的に成長するコツ、生活の中でのさまざまな工夫などの情報や知識です。

その頃の私はジャンルを問わずそれらを勉強し、挑戦し、身につけ、仕事にも役立てながら、成功と失敗を繰り返しました。

そして今、言えることはひとつ。

『自分創り』をすることはとても有意義で楽しい作業だということ。

そして少しでも早い時期にそれに気がつくほど人生が早い段階でいい方向に回り始める

ということ。

そこから先は、あなたの思い描いたレールが次々と目の前にあらわれ、先へ先へと導いてくれるでしょう。こんなに楽しいことはありません。

『自分』を創るのは『自分』、つまり『あなた自身』にしかできない作業なのです。

ですから、ここで一度あなた自身を真剣に創り上げる作業をしてみませんか？　せっかく生を受け、この世に生まれたのです。それを１００％、いえ２００％満喫するのも「あなた次第」です。

じゃあ何をすればいいの？　何から始めたらいいの？　と思って書店へ行ってみたとしましょう。自己啓発本はたくさん出回るようになってきましたが、精神論に偏っていたり、通り一遍の知識だけだったり、実行不可能な机上論だったり……。

どうも今ひとつピンとこないものばかりのような気がしてなりません。

私もなかなか読みやすい本に出合えませんでした。

そんなこともあってかなり遠回りをしましたが、やっと最近『自分創りのコツ』がわかってきました。そしてそれらを日々実行中です。まだまだ私も『自分創り』の途中です。

この本は、私が日々感じて実行しているいろいろな『自分創りのハウツウ』をまとめたものです。難しいものはひとつもありません。

多くの女性が少しだけ勘違いしている美容に関する基礎知識から、本当に肌によい化粧品の話、ファッションセンスの磨き方、会話のコツや自分の見せ方、気持ちの持ち方など、ステキな女性になるためのエッセンスをギュッと詰め込みました。

自分を変えたい！　ステキな女性になりたい！

もっと成長したい！　いつまでも輝いていたい！

きれいになりたい！

あなたに今、こんな気持ちが少しでもあるなら、ぜひこの本を開いてください。

そして、トライしてみてください。

思い切って、目の前の見えない壁を破ってみましょう！

まっすぐに「突き進む」ことも大切です。

でも、ときには「回避」するテクニックも必要。「方向転換」もできなくてはなりません。

そんなとき、この本が小さな手助けになれば、本当にうれしいです。この本を通してあなただけの「美スタイル」を創り上げてください。きっとその過程でいろいろな自分にも出会えると思います。さあ、レッスンの始まりです。

美スタイル／目次

イラスト／小川明美

第1章

1日、ステキなあなたであるために……

～まず1日の出来事を振り返るレッスン～

1 なりたい理想の女性像は持っていますか？

「３ヵ月で魅力あるステキな女性に変身しましょう」と口で言うのは簡単ですが、やみくもに３ヵ月分のスケジュールを立てるのは無理というもの。

計画を立てるには、はっきりとした目標が必要です。

そのためには、ただ「ステキな女性になりたい」というのではなく、あなたが具体的にどんな女性になりたいと思っているかを自分自身でイメージすることが大切。

たとえば、太っているのが悩みなら「痩せたい」というだけでなく、「９号サイズの服が着たい！」とか、肌に悩みがあるなら「若い頃の肌に戻りたい」というだけでなく「スッピンでも人前に出られる肌になりたい！」というような具体的なイメージを持つのです。

具体化するのが苦手な方は実際に「理想の女性像」をひとり見つけるのもいいですね。

３ヵ月で近づきたい憧れの先輩や目標にしたい友だちはいませんか？　身近にいなければＴＶに出てくる憧れの女優さんでも構いません。とにかく具体的なビジュアル像をひとつ作りましょう。

さあ、そこで……。

せっかくならこの3ヵ月を自分自身思い切り楽しむためにもぜひ「スタイリングノート」を作ってみましょう。

まずなんでもいいので「お気に入りのノート」を一冊用意します。この行動だけで俄然ヤル気が出てくるから不思議です。

最初のページにはあなたの名前と今日の日付けを書きましょう。

そしてこれから目指す具体的な理想像の名前、できれば写真などを貼ってスタート！

このノートに3ヵ月間、なんでもどんどん書き込んでいきます。

そこには3ヵ月後あなただけのステキな足跡が残るはずです。

2 1日の行動を書き出してみましょう

では今日を区切りにして、できる限りトータルで美しくなりましょう。ただ、当たり前のことですが1日1日の積み重ねが何より大事です。その1日1日をいかに過ごすかが勝負です。これは簡単なようで難しいことですが、それが３ヵ月後の自分の姿につながるということをくれぐれもお忘れなく……。

では、最初の作業です。

あなたはふだん１日をどのように過ごしますか。

手近なところで、あなたの昨日１日の行動をちょっと思い出してみてください。几帳面に日記をつけている人ならすぐにわかるかもしれませんが、なにげなく毎日を送っていると昨日の行動さえ思い出すのがけっこう大変だったりします。

大雑把でも構いませんから、できる限りの記憶をたどって、起床から就寝までを時系列に「スタイリングノート」に書き出してみましょう。

3 朝、起きてまず何をしましたか？

起きる時間は人それぞれで、５～６時には起きるという早起きな人もいれば、９～10時まで寝ているという人もいるかもしれません。起きる時間はともかくとして、起きてから

「まず何をするか」が問題なのです。

トイレに行く。顔を洗う。着替える。窓を開けて深呼吸。体操をする……。

どれも間違いではありません。でも、もっと大切なことがあります。

それは朝、起きたらまず「水を1杯飲む」ということです。

ええーっ！　という方のために水を飲むことの意味について少しお話ししましょう。

人間の身体には基本的に毎日2～3ℓの水分が必要だと言われています。それは人間の身体の約60％が水分で構成されているためです。

その水分の一部、血液や体液にはナトリウムやマグネシウムなどのミネラルが多く含まれていますが、現代人は常に慢性的なミネラル不足なのです。そこでミネラル補給の一環として「水」を摂る方法が最も簡単。それは最近、非常に高機能の「水」が豊富に販売されていることからもわかりますよね。せっかくなら自分自身の生活環境や食生活、栄養状態や健康状態に合わせた「水選び」も楽しいこだわりになります。

特に女性はカルシウム、カリウム、マグネシウムなどの必須アミノ酸を豊富に含む「硬水」を選ぶのもひとつの方法。

夜、寝ている間にも私たちの身体は水分を放出（ひと晩でコップ2杯弱の汗をかく）すると言われ、寝ている間に身体は「水分不足」に傾きます。これは細胞が元気に活性している証拠です。

朝起きたときにこの失われた「水分」を補給する習慣をつけるだけで、体調がぐんとよくなります。さらに、休んでいた「腸」を起こす意味でも朝起きぬけに1杯の水を飲むというのは理にかなっているそうです。

特に腸が弱い方、便秘気味の方にとっては、少しでも早く「腸を起こす」（目覚めさせる）ことが健やかに1日を過ごす「コツ」になります。

また、肌細胞は夜の10時から翌朝の2時、この4時間で次の日の肌のために一生懸命生まれ変わろうと働きます。その肌細胞の水分不足を補うためにも「朝の1杯の水」は必要不可欠なのです。

特に、乾燥肌の方は肌への水分補給のためにもこの「水の補給」を実行してみてください。

そのほか、肌のくすみ、毛穴の開き、肌が硬くゴワゴワするなどの悩み解消にも効果的です。

そしてもうひとつ、1日に摂る「水分の量」についてお話しします。

できれば今日から最低でも1日1.5ℓは「水」を飲むようにしましょう。理想は2ℓですがこれは意識していないとなかなか実践できない量かもしれません。ですからまず1.5ℓから挑戦してみましょう！


「水」があまり得意でない方のために、私の水摂取克服方法をご紹介します。

いきなり1.5ℓのペットボトルを見ると「うわぁー！　多い！」と後ずさりしてしまうので、私はそれを500㎖のペットボトル3本に置き換えます。

そして毎日、まず朝起きて「コップ1杯」の水を飲んだら、その日の水を用意します。

3本のペットボトルの内容は、最近このように工夫しています。

1本目は「水」。私はマグネシウムとカルシウムの多い水にしています。できれば水道水ではないこだわりの水がお勧めです。

2本目は「麦茶」。夏は香ばしいこのお茶が喉ごしもいいのでよく登場します。ダイエット中ならプアール茶や減肥茶、肌がトラブっているときなどはドクダミ茶や杜仲茶などでもいいですし、最近は中国茶も流行っていますね。

３本目は「ハーブティー」。これはその都度好きなものを入れています。私は最近、美肌作りに効果が高いと言われるローズヒップとハイビスカスのブレンドにすることが多いです。

次の私のお勧めハーブティーなども参考にしてみてください。

古代の女性を魅了したダイエットティーといわれる「フェンネル」
日本人好みで、消化を助けてくれる「ペパーミント」
風邪のひき始めや、生理痛の緩和にもいい「マリーゴールド」
沈静作用があり、疲労回復にも効果的な「ラベンダー」
飲めば元気になるさわやかな香りの「レモンバーム」
ホルモン分泌の調整や美肌効果のある「ローズレッド」
ビタミンＣの爆弾といわれる美肌効果抜群の「ローズヒップ」

そしてこの３本のペットボトルを必ず１日ですべて飲むようにするのです。飲んだ水の量の目安にもなりますし、仕事柄外出の多い私にとって外出先で水を飲むことが意外と大変だったのですが、これなら出かけるときに、そのうちの１本を持参すればいいだけなのでとにかく便利で簡単です。

この方法にしてから、本当に「水」が身体にいい作用をし始めて、まず、慢性だった便秘が解消し、肌にトラブルが出なくなりました。あと、絶対にダイエットにもいいですよ。ぜひ、お試しください。

4 洗顔の落とし穴は「水の温度」

朝起きてから顔を洗わない人はいないでしょう。でも、あなたは正しい洗顔をしていると自信を持って言えますか?

「せっけんを十分泡立てて、ぬるま湯で洗っているからだいじょうぶ」という人、本当にだいじょうぶでしょうか?

では、ぬるま湯ってどの程度の温かさでしょう。手で触ってほんのり温かいのがぬるま湯だと思っていませんか。顔を洗うときのぬるま湯はそれでは熱すぎるのです。正解は「手で触って少し冷たいなと感じる程度のぬるま湯」です。

朝の洗顔は顔にホテリをつくらないために、あえて皮膚温を上げないほうがいいのです。それで、少し冷たいぐらいのぬるま湯にするわけです。だからといって、最初から水だけで洗うと汚れがきれいに落ちにくいもの。水は洗顔の最後に肌をキュッと引き締めるために4～5回使うと肌のキメが整いその後のメイクの崩れも防げます。

では次にせっけんの使い方はどうですか？

「よく泡立ててから泡で洗う」というのは近頃常識になってきましたが、ではなぜ泡で洗うといいのでしょうか。肌の汚れは、この泡の気泡の中に包み込まれて除去されるからです。ですから泡は細かいほど肌に負担がありませんし、細かい泡ほど、老廃物などの汚れだけをパーフェクトに包み込んで取り除いてくれるからいいのです。

「泡は細かければ細かいほどいい！」

これを忘れないでください。

細かい泡の立つせっけんならたいていOKですが、私は和漢生薬（植物性）のものを使っています。肌に優しい成分にこだわって選ぶのもいいですね。

また、泡を立てるための道具にこだわるのもお勧め。泡立てネットなど大変便利なグッズもありますが、最近話題のメガネクロスはやってみる価値ありです。クロスでクルクルと肌を洗うだけで、毛穴の奥の汚れまで引っ張り出されるので、洗いあがりの肌に「ツヤ」が出ます。

そして「洗顔のあとは時間を空けずにすばやく化粧水をつけること！」が鉄則。「洗顔後に何もつけずにほったらかし！」が肌に一番よくありません。洗顔後の肌は、あなたが考える以上に無防備でデリケートな状態になります。顔を洗ったら1分以内に十分な水分補給をしてください。

化粧水は綿100％のコットンで、そのコットンが毛羽《けば》立ってくるくらいまで、十分肌にパッティングし、染み込ませましょう。コットンはガーゼなどが入っているタイプより、綿100％のタイプのほうが、この毛羽立つタイミングがわかりやすいと思います。またパッティングすることでクーリング（冷却）作用が生まれ、皮脂分泌で開きやすい毛穴をキュッと引き締めてくれます。

化粧水を手のひらにとって直接つける人もいますが、手のひらだとなかなか顔全体にムラなく十分な量をつけることが難しいのではないかと思います。そのため結局、何度も手に取ってつけ足していくうちに案外たくさん化粧水を使うので、逆に不経済かもしれません。コットンなら一度に必要な量を出せますし、肌に「面」として当たるので塗布ムラができません。そして何より化粧水を無駄なく効果的に使うことができます。

5　朝の肌チェックで肌タイプに強くなろう

正しい洗顔とともに大切なことは「朝の肌確認」です。簡単なので、今日から毎朝忘れず実践してみましょう。

まず、洗顔前に鏡で顔を見てみます。寝起きなので、すっきりした顔をしている人は少ないかもしれません。

- 目の下にクマが出ていませんか？
- 肌色が悪くないですか？
- 目尻にシワが目立ちませんか？

あまりにも疲れた顔をしていたら、昨日の生活や過ごし方を思い出し、少し自分をいたわるように心がけることも大切です。

そして「洗顔」の際にお肌のチェックをします。

正しい洗顔の手順は、まずぬるま湯だけで何もつけずに「素洗い」をします。そのときにご自分の手のひらで、いろいろな部分の肌状態を「手の感触」で確認するのです。

額はどうかな？　小鼻は？　あごは？　頬は？

手のひらで触ってみてツルツルと柔らかく感じることができればよい状態。

反対に、ザラザラしていたり、硬く感じたり、吹き出物があれば要注意！　この「素洗い」のときが一番はっきりと「肌確認」ができるはずです。

私も毎朝、せっけん洗顔する前に確認していますが、前の晩のお手入れがいい加減だったり、生理前だと本当に「悪い肌状態」が手に伝わります。毎日続ければ、肌の微妙な変化もわかってくるでしょう。これを意識する人と何も考えない人とではここで大きな差が生まれます。

肌の調子が悪い日は、メイク前のケアをいつもより少し丁寧に行います。たとえば、美容液などをプラスしてみるのもいいですし、化粧水を時間をかけてたっぷりと与えるのも効果的。逆に肌の調子がよさそうな日はいつもどおりでだいじょうぶ。

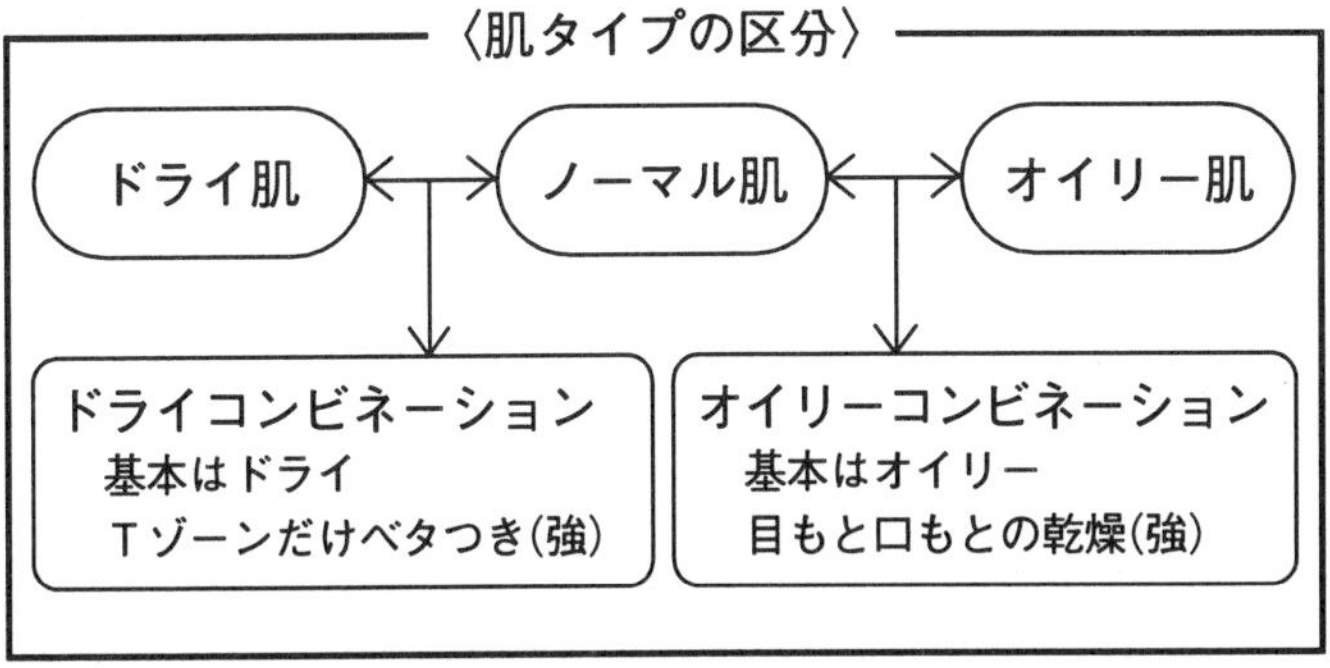

日本人は基本的にこの2つのコンビ肌が多い（約70%を占める）
中でも「ドライコンビ」の比率が高い

このように毎朝のお手入れは朝の肌の状態に合わせて変化させるのです。

さて次は「肌タイプ」についてです。ほとんどの方が自分の肌タイプをだいたいわかっていると思いますが、よくわからない方、さらにしっかりと理解したい方のために「肌タイプチェック方法」をお教えします。

「洗顔後の肌をチェック」

朝、せっけん洗顔だけ行ったあと、何もつけずに15～20分放置して肌状態をチェックする方法です。

◎Tゾーンしっとり、そのほかはさらさらしている

↓ノーマル（普通）肌

◎Tゾーンペタペタ、そのほかはしっとりしている

↓　オイリー（脂性）肌

◎Tゾーンさらさら、そのほかはつっぱっている　↓　ドライ（乾燥）肌

〈参考〉
◆ニキビ肌（オイリー肌）↓オイリーコンビネーション肌（しつこいニキビ肌）に変化する率が高い。
◆弱アトピー肌（ドライ肌）↓ドライコンビネーション肌（常に乾燥対策が必要な肌）に変化する率が高い。

あなたはどの肌タイプでしたか？

自分の肌タイプがわかったら、次はあなたに合った化粧品選びです。

私はＪＭＡ（ジャパン・メイクアップ・アカデミー）の運営にも携わり、そこでさまざまな化粧品の商品分析や効能効果のチェックをしています。

いろいろなメーカーから商品分析の依頼も多く、その中から「確実な結果が出る安全な商品」に関しては、私どもＪＭＡの「認定商品」として登録させていただき、責任を持っ

て取り扱っています。化粧品選びに困っている方は、ぜひ巻末の「ＪＭＡ認定商品」を参考になさってください。

6 量より質を優先する食事アイデア

ところで、あなたは毎日「朝昼晩」の3食をきちんと摂っていますか？　朝は食べないという人も多いかもしれません。しかし何をするにも健康第一。健康管理にはやはり食事が基本です。3食摂れればそれに越したことはありませんが、忙しい毎日ですから、せめてバランスよく「よい食事」ができればいいのではないかと思います。

美容のためにも昔から大敵と言われる「栄養の偏り＝偏食（好き嫌い）」は避けたいものです。とは言っても私自身もやはり苦手なものがあり、あまり偉そうなことは言えません。

「食する」という行為は自分の意思で口に入れることですから、自分の意識と心がけによってどんなふうにでも変化させることができ、簡単に「自己コントロール」が可能です。

ですが昔、家庭科で習った「9品目の栄養バランス」を考えながら毎日食べるというのは絶対に続かない！　始める前にまず何がどの栄養に入るのか、それを覚えることさえままならない。これだけでうんざりという方も多いはずです。

そこで、シンプル派の横着な私が実践している「栄養バランス」を考えた食事の摂り方が「1日30素材を食べる」というやり方です。

30素材とは30のメニューを食べろということではありません。自分でわかる食べ物の最小単位（素材）を数えるだけ。調味料なども入れてOKです。堅苦しくやる必要なんてありません。

「うーん、わからない」という方のために例をひとつ紹介します。

たとえばお手製の「カレーライス」を食べたとしましょう。

これを「食べ物の最小単位」にしていくと、

・米　・肉　・たまねぎ　・ブロッコリー　・じゃがいも
・にんじん　・マッシュルーム　・とうもろこし（コーン）
・カレー粉　・ソース　・塩　・こしょう　・しょうゆ

以上13素材を食べたことになります。

「すごぉーい！　じゃあ今日はあと17素材を食べればいいんだ」とまぁこんな感じ。こうやってまずは「1日」で30素材を食するということを意識してみましょう。

和食の「筑前煮」などは、一気にたくさんの「素材」が食べられるのですごくお得です。

こうやって「素材」を楽しみながら、それを数えながら、いろいろなものを食べるクセをつけるのが一番です。一度チャレンジしてみましょう。


あともうひとつ効果的な方法が「食事の色バランス」にこだわる方法です。「彩りを優先して食べる」のです。彩りを気にしながら食べると意外と簡単に栄養バランスが摂れるから不思議です。間違っても「着色料」でごまかすことではありませんから念のため……。

一度に食べる食事を目の前にすべて並べます。そのとき「彩りが少ないなぁ」とか「色が偏っているなぁ」と思ったらNG。逆に「きれいな色合いだなぁ」「カラフルだなぁ」となればOKです。こうやって食事全体の色のバランスを見るのです。

レタスやほうれん草などの野菜があれば「緑」、トマトやいちごがあれば「赤」、お米は「白」、卵が「黄色」、なすのお漬物が「紫」、お味噌汁が「茶色」といった具合。やはり栄養バランスは色バランスにもあらわれるのです。

このふたつの方法のうち、あなたの感性に合った方法でまず、「食」を意識してみましょう。インスタント食品ばかり食べていると、なかなかうまくいきません。外食の際も気をつけましょう。

あなたの身体の中は「あなたの責任」で構成されていくのです。まずこれをしっかりと意識することが「美」への近道になります。

7 「自分の時間」どれくらいありますか?

誰にも24時間という時間しか存在しないのですから、意識していないと1日はあっという間に過ぎてしまいます。さらに仕事に専念していたり、家事や育児に追われていたりすると、なかなかその中に「自分だけの時間」が持てないもの。

でも、ちょっと考えてみてください。1日のうちに30分でも1時間でも自分だけの時間は作れないものでしょうか。子育て中のお母さんなら子どもがお昼寝をしている間とか、仕事をしているOLさんならアフター5、パートに出ている主婦の方だって夕食のあとのほんのわずかな時間でも、自分だけの時間を作ろうと思えばきっとできると思います。
でもやはり、「時間を作る」ことが、どうしても難しいのであれば、まずは生活の中に「自分だけの空間」を作ってみてはいかがでしょう？　「自分だけの空間（居場所）」を先に確保です。一人暮らしの方であれば、家の中がすべて「自分だけのスペース」かもしれませんが、家族と一緒に暮らしていたり、親と同居していたりすると、自分の部屋を持っていない限り、特に女性は「自分の居場所」がないと感じることが多いようです。あなたの場合はどうですか？「キッチンだけが私の居場所」なんて少し寂しいですよね……。

お家のどこかにちょっとしたお気に入りスペースを確保して、そこには徹底して、自分の好きなものだけを厳選して置いて楽しんだり、そこで友人宛の手紙を書いたり、好きな本を読んでみたり、ときにはお気に入りの音楽でもかけながらハーブティーでも飲んでみたり……。そんな場所を作っておけば、毎日の慌しい流れの中でも、ちょっとした隙間時間に「あなたの居場所」が生まれ、そこで過ごしている時間が自然と「あなただけの時間」になっていくでしょう。

一人暮らしの方であれば、家の中に「とっておきのお気に入りスペース」を作ってみましょう。そこには本当にあなたの好きなもの、リラックスできるもの、楽しめるものだけを集めるのです。そして、何かイヤなことがあったときや落ち込んだとき、悲しいとき、何だかとっても疲れたとき、その「お気に入りスペース」の心地よさにすっぽりと包み込んでもらい、心を癒してもらうのです。

そこは「あなたを癒す場所」
そこは「あなたに戻れる場所」
そこは「あなたを見つめる場所」
そこは「あなたを成長させてくれる場所」
そこは「あなたを守ってくれる大切な場所」

そういえば、最近はマンション事情も時代の流れで変化してきて、家の間取りの中に遊びのスペース（マルチスペース）やお父さんの書斎スペースがある物件が人気だと聞きます。私としては「女性のスペース」だって優先してほしい！……と思うのですが、みなさんはいかがですか？

大切なのは、いつも自分が自分らしくいられる「時間」と「場所」を自分で作って確保すること、そしてそこでどのように「過ごす」かだと思います。

さっそく「自分だけの時間」の確保をいろいろと工夫してみましょう。

8 イヤなことがあったら、すべてを「逆さま」にしてみるといい

人間ですからときには朝からイライラしたり、気分がすぐれなかったりという日もあります。なんだか最近いいことがないという人もいるかもしれません。もちろん、私にも経験があります。何をやってもうまくいかない日、気持ちがとってもブルーな日、なんだか心がささくれ立ってしまう日、ドーンと落ち込んでしまう日……。

悪いときには悪いことが重なるもので、気持ちを切り替えるのはひと苦労。だから私は気持ちを切り替えるのではなく、気持ちのバランスを取るようにしています。

たとえば、理不尽なことを言われて頭にきたときはマイナス、悪口を言ってしまったり、

意地悪な気持ちが芽生えたときもマイナス、気持ちが落ち込んだときもマイナス。こんなふうにマイナスの気持ちが増えてしまったら、今度は反対に一生懸命プラスの気持ちを増やす努力をしてみます。

電車でお年寄りに席をゆずるとか、苦手な人にこちらから笑顔で挨拶をしてみるとか、ちょっとしたことをほめてみるとか、いつもはしたくない仕事をすすんでやってみるとか……。

こんなふうに、プラスの気持ちを増やす努力をしていると、そのうちに自分の周りのエネルギー全体がプラスに変わって、気持ちが晴ればれとしてきます。だから、何かイヤなことがあったらすぐ、プラスの気持ちになることを考えて、1目盛りでもプラスの容量が多くなるようにバランスを取っています。

それでも気持ちが晴れないときは、とっておきの方法があります。

それは「いつもとまったく逆のことをする」やり方です。

たとえば、いつも決まったデパートで買い物をしているなら、あえて行ったことのない街の商店街に出かけてみるとか、地下鉄を降りて右に行こうと思ったら、あえて左に行ってみるとか、いつもはコーヒーを飲むなら、あえて１００％ジュースを注文してみるとか、いつもは会社まで地下鉄で行くなら、あえてバスで行ってみるとか……なんでもいいのです。とにかく、すべてを「逆さま（違う選択）」にしてみるのです。

この発想は、ある講演会でうかがったのですが、思いのほか効果抜群！

何もかもを意識的に逆さまにすることで、いつもと違うエネルギーの流れに変わるのではないかと思います。とにかくやってみると本当に楽しいし、最高の気分転換になります。だから私は朝の気分が冴えないときには「今日はやってみよう」と決めて実行しています。もう何度この方法に助けられたかわかりません。この気分転換法は絶対おすすめなので、だまされたと思って一度やってみてください。

いつもと違うステキな「出来事」が起こるかも……。

9 効果抜群「リサイクルパック」

入浴中に私がしている「とっておき」をお教えしましょう。それは「クリームリサイクルパック」です。

ところで突然ですが、みなさんは化粧品の賞味期限というか有効期限をご存知ですか？

そういえば、化粧品の期限なんてあんまり考えないと思いませんか？

では、化粧品はいったい何年ぐらいもつのでしょうか。

封を切らなければまず5年ぐらいはだいじょうぶでしょう。けれど、一度封を開けたものはやはり数ヵ月～1年くらいで使いきったほうがいいと思います。

さて、本題です。あなたの家に眠っている栄養（ナイト）クリームはないでしょうか。いつ買ったのかも忘れてしまったようなクリームが捨てずに引き出しの奥のほうに残っていませんか？　でもこういう人が意外に多いのです。クリームって、なぜか使い切らないまま次のものを買っていたりするものです。

私のリサイクルパックはその忘れられたクリームを使うのです。でも、いくら使い残しのものでいいと言っても5年以上前のものは避けてください。

パックの仕方は簡単。洗顔後、このクリームを顔全体に塗り、半身浴の時間を利用して5分くらいじっとしているだけ。その後はぬるま湯で洗い流せば完了です。ツルツル、ツヤツヤが期待できます。美白効果のあるクリームなら肌に透明感が出るなんてことも……。

洗い流した後にあまりヌルヌルした感触が強く残るようなら軽く洗顔してもＯＫ。

栄養満点のクリームを使うこのリサイクルパック、思いのほか効果があるので、捨てる前にぜひ一度、お試しを。

10 あなたの「寝顔」はだいじょうぶ？

これからは寝顔にも気をつけましょうなんて言われても、実際には寝ている間のことまで責任持てませんね。

なんでいきなりこんなことを言うのかというと、寝ているときの寝顔のクセで顔がゆがんだり、寝ジワができたりするのではないかという説があるからなのです。おもしろいですね。

実はこれ、美輪明宏さんが本の中で書かれていたこと。

そのとき「この発想はすごいなぁ」と思って、目からウロコでした。

というのも、美容の勉強をしている私はシワのメカニズムを学んだのである程度、人よりも詳しいのですが、この寝ジワという切り口は知りませんでした。

でもよく考えてみると、寝ている時間って1日のうちでもけっこう長いですし、もしかしたら、その間ずっと眉間にシワを寄せて寝ているかもしれないですよね。また毎日横向きに寝るクセがあるとか、いつも右側の顔を枕につけて寝ているとか、シワやゆがみになるような格好や表情で寝ているかもしれません。それが毎晩毎晩続くと考えると、やっぱり「寝ジワ」ほどシワとして深刻な原因はないのかもしれません。

昼間は笑ったり怒ったり、いろいろな表情をするので、固定した顔のクセはつきにくいと思います。また意識してシワにならないように自分で気をつけることもできます。

しかし「寝顔」はそうはいきません。

やはり「恐るべし！　夜の寝ジワ」だと思いませんか？　この説は今後もっと注目されるかもしれません。誰かに一度、熟睡中のあなたの「寝顔」を写真に撮ってもらうなんていかがですか？

第2章

1週間続けて意識を変える！
～いつもの生活パターンに変化をつけるレッスン～

1 今、一番気になることはなんですか？

ではいよいよ1週間を意識した「自分創り」に挑戦です。

なぜ1週間かというと、月曜日から日曜日という当たり前の流れの中で、少しだけ「意識を変える」レッスンをするためです。

どんな小さな挑戦でも構いません。今までと違う「要素」をこれから送る1週間に何かひとつ加えてみましょう。

その中から自分に合った方法を見つけ、いかに生活に変化を持たせることができるか、そしてそれをどれだけ継続させることができるか、これが【自分創り】のレールになっていきます。

私もそうでしたが、いきなり「3ヵ月頑張れ」と言われてもまず絶対無理！

よほど意志が強いか、そうせざるを得ない状況に自分が追いこまれない限り持続できるものではありません。

ですから、この章ではとりあえず流れをつかむための「1週間」をテーマに、私の経験の中から手軽にできて、その上、効果が期待できる方法をいくつかご紹介したいと思います。

ここでまず大事なのは1週間の「テーマ」を決めること。

何を意識して1週間を過ごすかで結果が違ってきますからおろそかにしないでください。テーマは、今あなたが一番「気になっていること（悩み）」でいいと思います。

たとえばお腹にぜい肉がついてきて気になるとか、シミが濃くなったみたいとか、毎日がなんとなくつまらない、などなど……。

それをまず「スタイリングノート」にいろいろと書き出してみてください。今、気になっていること、変えたいこと、悩みなどなんでもOKです。そしてその中からすぐにできそうな小さな改善を探し、まずはそこから始めてみましょう。

2 もしかして「隠れ肥満」予備軍!?

女性が気になることのひとつに「ダイエット」があります。

「スタイリングノート」に「痩せたい！」と書き出した方もいらっしゃると思います。本当に世の中にはダイエットしたいと願っている女性が多いですね。

私自身、全国を講演で回っていると必ずアドバイスを求められるのが、このダイエットに関することです。ビューティープランナーという仕事柄避けては通れない分野です。

みなさん、本当にいろいろな方法、食品、機械などを試しているんだなぁとつくづく感じます。プロの私が驚かされることもしばしば……。

でもダイエットって、なかなか成功しないのも事実です。ありとあらゆることをやってみてもうまくいかない。一度痩せて成功しても、すぐにリバウンドして戻ってしまう。痩せたのはいいけれど、肌がカサカサになってしまった。生理が止まった。体調がすぐれないという話もよく聞きます。

それでも痩せたいというのが女心。本当にやっかいです。

ではなぜ痩せないのか、もう一度考えてみましょう。

脂肪には見かけの「肉づき」と、内臓につく「体脂肪」の2種類があります。痩せて見える人でも体脂肪率の高い人、いわゆる「隠れ肥満」という人も案外多いのです。

あなたの場合はどうですか？　私なんかはそのタイプかも……。

そして「リバウンドをしない」ためには、この2種類の脂肪を効率よく落とすこと。優先させるのはまず「体脂肪」です。これを減らすことに的を絞りましょう。

間違っても体重そのものを減らすこと（グラムにこだわる）に夢中になって、毎日毎日体重計の目盛りに一喜一憂しないことです！


女性らしくキレイに正しく痩せることがダイエットの基本です。健康的に美しく痩せる……ここが肝心。

では、その「体脂肪」の話からしていきます。

体脂肪を蓄える「脂肪細胞」の数が急増するのは胎児の時期から1歳頃だと言われています。ですから年齢の早い時期、たとえば10代（思春期）の頃に太っていた人は、すでに太りやすい体質になっているかもしれないということです。

脂肪細胞は、その後の体重の減少とは関係なく、成長段階ではほとんど減少しないので「思春期に太っていた」という方は、意外とダイエットが成功しにくいのです。このタイプの方はほかの人よりも脂肪細胞の数自体が多く、いつでもすぐに脂肪を蓄えられる体になってしまっています。

じゃあ、なおさら痩せられない、とがっくりする人もいるかもしれませんが、体脂肪は決して悪いばかりのものではないのです。

本来、体脂肪は体のために蓄えられたエネルギーの源となるもので、体温の維持、内臓を保護して正常な位置に保つなど、私たちが生きていくための活力源であるとても大切なものなのです。ただし、過度の体脂肪は美容のためばかりか、健康のためにも大敵！

体脂肪が多すぎると、生活習慣病になる確率が高いと言われていることはもうご存知ですね。ですから理想の体脂肪量を維持しながらの正しいダイエットを心がけましょう。


ではここで質問です。

あなたは自分の「体脂肪率（量）」を正確に理解していますか？

なにはともあれ自分の体脂肪を計ってみないと始まりませんね。

体脂肪は体脂肪計を使って簡単に計れます。最近では家庭用の手軽な価格のものから、体重計と一体化している便利なタイプも出ていますので1台持っていると便利です。

また、健康診断のときについでに計ってくれることも多くなりました。会社の医務室や

〈体脂肪率の目安〉

	標準範囲	肥満傾向	肥満
三十歳未満の女性	17～24％	25～34％	35％以上
三十歳以上の女性	17～26％	27～34％	35％以上

〈BMI値の算出法〉

体重（キロ）÷身長（メートル）÷身長（メートル）＝ＢＭＩ値

学校の保健室など身近なところで気軽に計ることも可能でしょう。

とにかく今現在の正確な体脂肪率（量）を把握しましょう。そして上に示した体脂肪率の目安表を見てください。

あなたが30歳未満か30歳以上かで若干数値が変わりますが、どちらにしても女性で「35％以上」の数値になったら完璧に太りすぎ！　要注意ゾーンです。

もうひとつ「ＢＭＩ」（ボディ・マス・インデックス）という判断方法もご紹介します。

これは体重と身長のバランスから肥満度を計算する方法で、上の公式で簡単に診断できますから一度やってみてください。

算出された数値が18・5未満であれば、やや痩せ気味。通常理想的なのは18・5～25未満の間です。25以上あれば肥満傾向なので要注意です。

この「体脂肪率」や「ＢＭＩ値」を定期的に計算して、自己コントロールを意識した生活を送るようにしましょう。

そして体脂肪を減らすためには、食事制限だけでなく適度な運動も必要不可欠です。食事制限だけですと体重の減少とともに、多少の体脂肪は落ちますが、本来落としてはいけない「筋肉量」のほうが大幅に減少してしまいます。

脂肪は筋肉で燃焼され消費されるため、この筋肉量が落ちてしまうと、脂肪は燃焼できなくなってしまいます。体脂肪を落とす正しいダイエットをするには「筋肉量」はある程度維持しなくてはいけないのです。ここが意外と落とし穴！

筋肉量の足りない状態で無理にダイエットを続けると、ただの痩せすぎ、ガリガリの「やつれ体型」になってしまいます。そうならないためにもダイエット中は適度な運動を心がけましょう。

ではとりあえず「１週間」で変化を味わえるとっておきダイエットについてお話しします。簡単ですから週末を利用してトライしてみてはいかがでしょうか。

そのイチオシがファスティングです。

ファスティングとは日本語で「断食」という意味で、基本的には「食べない」ことがベースにありますが、まったく何も食べないというのでは過酷すぎてなかなか実行するのが大変ですし、きちんとした方法で行わないと逆に体を壊してしまいます。

そこで提案したいのが「プチ断食」。目的は「胃を休めること」です。

日常の生活を振り返ってみると、私たちは常に何かを口にしています。お腹がすけば食べるし、時間がくれば食べるし、暇だったらまた食べる……。

そのために、私たちの胃は365日、休むことなく働き続けています。考えると「胃」ほど過労死しそうなくらい働いている器官はないかもしれません。

だから意識して「胃を休ませ」、その間ほかの器官（臓器）を活性化させるのがこの「プチ断食」の目的です。そして、当然ダイエットにもつながります。

ファスティングの簡単で確実な方法は「専用の栄養ドリンク」を利用すること（巻末のＪＭＡ認定商品参照）ですが、少しアレンジして自分でできる方法があります。

それは3日間連続して次のことに注意をして過ごすことです。

（1）できれば3日間は「固形物」を口にしないようにする。
歯で噛まないと食べられないものは口にしないということです。

リゾットやおかゆに代表される「流動食」系をメインに食べましょう。
（2）糖分の多いものはなるべく避ける。
流動食の代表でもあるデザート（プリンやヨーグルト）もできるだけ糖分の少ないものをチョイスしましょう。
（3）水分は多めにどんどん飲む（2〜3ℓ頑張って！）
（4）寝る前、4時間は何も食べない。

このようにして私が「プチ断食」するのはだいたい、金・土・日の3日間です。仕事がない日を選ばないと自分のペースで実行することができないからです。

友だちと約束があったり、何か予定が入っているとどうしても「食べる誘惑」が多くなり、なかなか断食を実行しにくいですよね。

私の場合、プチ断食期間の3日間はとにかく「ジュース」をメインにしてお腹に入れます。

ミキサーを持っているので、なんでもかんでもミキサーでジュースにする感じです。その際、牛乳とバナナは必需品。あと、果物やインスタントコーヒーもアレンジしやすく、よく使います。またヨーグルトも買い置きしておいて、ほかのものとミックスして使います。このようにいろいろな味を試行錯誤して楽しみながら作り、3日間過ごします。

意外とおいしいオリジナルジュースができるかもしれません。噛むものを口にしないというたったこれだけのことで「胃」はかなり休養できます。

同時に水分をしっかり摂ることを心がければ、腸の中に溜まっていた宿便も一掃できるという「おまけ」も期待できます。

私はこの【プチ断食】作戦を毎月1回設定して実行しています。

3 あなたの「後ろ姿」はだいじょうぶ?

私は昔から「美しい人」の第1条件は絶対に背中のライン(後ろ姿)だと思っています。

TVで見る女優さんや雑誌のモデルさんを見るとき、ついつい目がいくのは背中のラインの美しさ。年齢を重ねてもいつまでも背中のラインが美しい人こそ本物だと思うし、それだけで女性として本当に魅力的。私もそうありたいといつも心の中でイメージしています。

そこで【背中の肉】についてお話ししましょう。

太るときは、顔から太るタイプ、脚からくるタイプ、いきなりお腹が出るタイプとさまざまなパターンがあります。どこもいったんついてしまうと落とすのは大変なのですが、中でも最も落としにくい「肉」がつく部位の代表が【背中】です。

バックスタイルはついついつい気を抜いてしまう部分なので、案外野放しになっている方が多いのではないかと思います。

女性の背中は美しさを示すチャームポイントなのに……とても残念です。

女性はブラジャーをするので、背中の肉が男性より誇張されることが多いのです。ブラジャーからはみ出したお肉が上下に押し出され、イラストのようにポコッと盛り上がっていませんか？

これを私は「エンジェルの羽《はね》」と呼んでいます。ネーミングはかわいいのですが、実際にはないほうがいい「背中のムダ肉」のこと。

〈エンジェルの羽《はね》〉

このブラジャーからはみ出したお肉は薄着をすると本当に目立ちます。「エンジェルの羽」は本来、二の腕だったはずのお肉がどんどん背中に移動してつく場合もありますし、必要以上に脂肪が増えてつく場合もあります。また姿勢が悪く猫背気味の方ほど背中から年をとりますからムダ肉がつきやすいようです。

でも女性はいつまでもすっきりとした美しい背中の持ち主でいたいもの。背中のラインが美しいと立ち居振る舞いまで洗練して見えるからです。

ですから、毎日のちょっとしたストレッチで「エンジェルの羽」を作らないように予防&改善しておきましょう。

〈背中のストレッチチェック〉

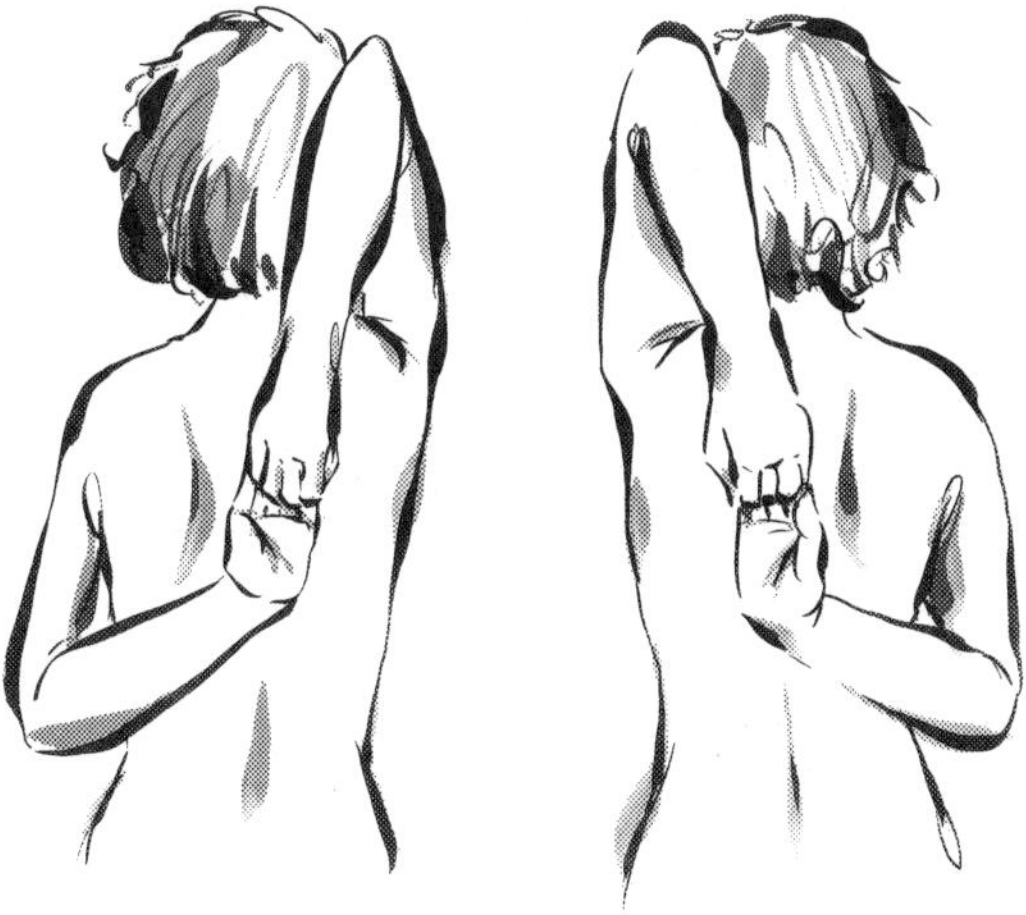

ではまずあなたの「エンジェルの羽」をチェックをしてみましょう。

（1）普段つけているブラジャーをしてTシャツを着ます。横向きでバックスタイルをチェックしてみてください。

背中（特に脇のすぐ横あたり）にブラジャーからはみ出した肉が盛り上がっていませんか？　これは自分で触っても確認できます。ブラジャーのラインと背中のラインがでこぼこせず、滑らかだと理想的。

（2）次に「エンジェルの羽」がつきやすい背中になっていないかの「危険度」をチェックします。

あなたは上のイラストのように両手を

背中に回してギュッと握れますか？

右も左も交互に確認してください。

まったく届かない人、片方しか握れない人は要注意！　背中のストレッチ力が弱くなっている証拠です。このまま放っておくと醜い背中になってしまう可能性が大きいので気をつけましょう。油断していると、あっという間にムダ肉がその部分に集まり、そこに停滞して「エンジェルの羽」を作り始めます。これからは毎朝起きたら、まずこの背中のストレッチを左右交互に3回ずつ行いましょう。このストレッチは二の腕の引き締めにも効果的ですから二の腕のプルプル肉も解消し、一石二鳥です。

ちなみに私は余裕で左右どちらもしっかりと握ることができます。

憧れの女性像に近づくためにも「背中のライン」は常に意識して生活するようにしましょう。これは毎日の意識と訓練でやれることですから、ぜひ頑張ってみてください。

4 フェイススケッチで診断～あなたの肌は何歳ですか？～

ニキビや吹き出物、シミにシワ。肌の悩みはつきないものです。

次に「肌」に関してのとっておきのケア方法をご紹介します。

簡単にできる効果的なシワの予防法と対処法についてです。

最近の医学では「がん」も早期発見で治ると言われますが、シワも同じこと。早期発見すれば、劇的に予防&改善することができるのです。

一般的には年を重ねる（加齢）とともに、肌が老化するのは仕方ないことと考えがちですが、年を重ねても美しい肌、若々しい肌の持ち主もいらっしゃいます。この差はなんでしょう？

結論から言えば【肌への関心（愛情）】の差だと思います。

どれだけ自分の顔（肌）に関心を持っているか、手をかけているかです。

私の周りにも実年齢よりも老けて見える方が結構いらっしゃいます。

その方々の共通点は、

・普段あまり鏡を見ない
・肌のお手入れが流れ作業になっている
・何をやっても、使っても変わらないと思っている
・あまりメイクをしない

これでは愛情のかけ方不足です。
まずは自分の顔（肌）に関心を持つことからやり直しましょう。
それには「フェイススケッチ」が最適。
ではフェイススケッチをする前に、少し肌についてお話しします。

【シワ】知識

シワはある日突然できるのではなく、少しずつ変化を遂げながら成長しています。ですから、どの段階でシワを見つけ対処するかで老化を食い止めることが可能なのです。

［シワの出来る順序］
①放射線状のシワ→②チリメンジワ→③小ジワ→④大ジワ

シワはこのように、少しずつ成長し、最終的に皮膚のタルミになります。シワに関してはほとんどの方が②のチリメンジワの段階で気づくようですが、実はそれではもう遅いのです。その前の「シワの赤ちゃん」を見つけることがとても重要。それが①の放射線状のシワ（皮膚のヨレ）です。

放射線状のシワは、極度の乾燥状態になった部位にポイント的にあらわれ、皮膚がヨレて放射線状になって見える部分。目の周りや口の周り、頬などに出やすいので、鏡を見るたびにチェックしてみてください。

放射線状のシワの原因は、極度な乾燥なので、見つけたらすぐに、十分な水分補給を行います。

保湿美容液や水分保持力の高い保湿ローションなどをたっぷり与えてください。この放射線状のシワは、見つけることさえできれば比較的改善は容易です。

その放射線のシワを放っておくと、いつしか定着ジワになっていきます。

それが次の「チリメンジワ」。ちりめんという生地のように、肌のキメが粗く見えることからそう呼ばれるシワで、本格的なシワになり始めた状態。水分不足に脂分不足が加わって、肌表面に「シワグセ」を作ります。目の下や目尻部分の皮膚は大変薄く、デリケートなので「シワグセ」がつきやすい部分。ですから目もと専用美容液や乳液、アイクリームなどでしっかりとお手入れします。

そして次の段階が「小ジワ」「大ジワ」です。

これは無表情の状態でもわかる「シワ」のことで、口の周りの「ホウレイセン」、目尻の「カラスの足跡」、眉間の「縦ジワ」、額の「横ジワ」などがそうです。

これらのシワは、乾燥や脂分不足に加え、肌内部の組織破壊が大きな原因なので、対処するには少し時間がかかります。

長年積み重ねてできたシワなので仕方ありません。だからここまで進まないうちにお手入れをしっかりして「シワの予防」をすることを優先しましょう。

そのために日常でできる注意点は、

①常に自分の顔（肌）に関心を持ち、1日に何度も何度も鏡を見るようにする。

②冬は夏と比べると、肌の水分量が1／5になるため「保湿」は必ず必要です。

〈老けて見えるシワ〉

普段、乳液などを使わない方も冬だけは使うようにすると肌は変わります。

③何げなくやってしまう動作、表情グセに注意する。

・いつも難しい顔をしている方は、必ず50歳頃には立派な眉間ジワがつきます。

・頬杖をつくクセのある方は、片側だけシワが目立ってきます。

・寝るとき、枕が高すぎると首にリングジワが出ます。

・横向きやうつぶせで寝る習慣の人は、タルミやホウレイセン（口もとのシワ）が入りやすくなります。

また、シワは出る場所によって、実年齢よ

りもかなり老けて見えます。

これは女性としてとても損ですからチェックしておきましょう。（61ページのイラスト参照）

口もとのシワ（口角の下がり、口の周りの縦ジワ）	プラス8歳
目もとのシワ（まぶたのくぼみ、目の下のタルミ）	プラス6歳
口もとのホウレイセン（笑いジワ）	プラス5歳
額の横ジワ	プラス3歳
頬のくぼみ、フェイスラインのでこぼこ	プラス3歳

ではここで、最初にお話しした「フェイススケッチ」をやってみましょう。

「スタイリングノート」に顔のイラストを描き、そこに肌の状態や悩みをそのまま書き入れていきます。もちろん、素顔でチェックしてください（次ページのイラスト参照）。

じっくりと自分の肌を見て、触ってまずは肌に「関心」を持つことがフェイススケッチの第1の目的。第2の目的は、普段見落としている「老化」を早期発見することです。

〈フェイススケッチ〉

チェック項目
・無表情な状態でも入るシワ
・肌の乾燥（放射線ジワやチリメンジワを探す）
・シミ
・肌の赤み、くすみ、黄ばみ
・ニキビ、吹き出物
・ザラつき、肌のでこぼこ
・毛穴の汚れ、開き、黒ずみ
・笑ったときに入るシワ
・肌荒れ

これを定期的に行って、常に肌状態を意識したお手入れを心がけてください。

また肌のコンディションにも「春夏秋冬」がありますから、せめてシーズンごとのチェックはしておくべきですね。

さて一番やっかいなのができてしまった「シワ」のお手入れです。

正直、劇的な改善はなかなか困難ですが、今はスペシャルな美容液や専用化粧品が出ていますから、これらを活用するのは大変いいことだと思います。

いっぽうで「シワを作らない肌を作る」努力はしておくべきでしょう。特に女性が気にする目もと、口もとのシワ予防には、次の5つの筋肉を鍛えると効果的です（上のイラスト参照）。

〈大切な5つの筋肉〉

①眼輪筋《がんりんきん》
目の周りの筋肉は年齢とともに確実に衰えるため、まぶたが下がり、目の上にかぶさってきます。眉毛の上の筋肉をしっかりとマッサージしておくといいです。
②小頬骨筋《しょうきょうこつきん》
③上唇鼻翼挙筋《じょうしんびよくきょきん》
この2つの筋肉が弱くなると「ホウレイセン」がくっきりと入ってきます。常にこの筋肉をマッサージで鍛えておけば予防改善になります。
④口輪筋《こうりんきん》
⑤口角下制筋《こうかくかせいきん》
年齢とともに口もとがしぼみ、口角が下がってきます。35歳を過ぎたら常にこの2つの筋肉を意識して「口角」を上げるクセづけをするのが一番です。

マッサージをする場合は、「シワを断ち切る」という気持ちで、シワに対して直角になる方向性でマッサージすることを習慣づけましょう。

私もそろそろ目尻に流れジワが目立つようになってきました。そのシワがそれ以上そこに定着しないようにいつも「シワの断ち切りマッサージ」をするように努力しています。

5 肌色を着替える女になろう

今お使いのファンデーションの「色」はいつから同じですか?

また、あなたはファンデーションを「何色」お持ちですか?

洋服は毎日着替えるのに、肌色には意外と無頓着な方が多いように感じます。そのくせ「いつもワンパターンメイクになってしまう」と悩んでいませんか?

そこで提案です。

洋服に合わせて「肌色」も着替える女性になりましょう。

もちろん、基本は「自分の肌色に合ったファンデーションを使う」ことですが、いつも同じ色にする必要はないし、逆に洋服は毎日違うのだから、肌色だってそれに合わせるほうが理にかなっています。

イエロー系の肌の人がピンク系のファンデーションをつけると、白浮きして見えたり、ピンク系の方がイエロー系をつけると、肌が黄ばんで（くすんで）老けて見えたりします。

これは「基本」が違っているから起こる現象。写真を撮ると一目瞭然、よくわかります。

ファンデーションを買うとき、手の甲に塗って色を見ている方がいますが、手の甲と顔の色は必ずしも同じではありません（だいたいが顔のほうが2トーン明るい）。これで失敗している方も多いはずです。

日本人は基本的に「ベージュ系」の肌色の範囲ですから、そのベージュがピンク系なのか、イエロー系なのかを判断すればいいのです。

私が普段、セミナーで指導しているファンデーションの色選びは次のとおりです。

両方の手のひらをぎゅっと強く握って5つ数えてから、手をぱっと開いてみてください。

このときの、手のひらの赤みや指先の赤み、手のひら全体の色を見ます。

ピンク（赤み）色が濃く、青っぽく出る人、白い部分がまだらになる人

↓肌は「ピンク系」です。色白な人や、血色のいい人に多いタイプです。

ピンク(赤み)がオレンジ系の明るい色で、赤み自体薄い人、全体が黄色く見える人
↓肌は「イエロー系」です。自然な肌色、色黒の方に多いタイプです。

この方法はあくまでもどちらの要素が強いかを判断するもの。この要素を見極めないとさっきお話しした「とんでもない失敗」をしてしまうから大切です。

ひとりだと判断しにくいという方は、お友だちと一緒にやってみましょう。すると色の比較ができるので、自分がどちらに近いのかがよくわかります。


そしてそれをふまえてファンデーションの色を決めます。

メーカーやシリーズによって色にもクセがあるので、最終的には実際に顔につけてチェックするのが一番。フェイスラインに少しつけてみて、顔側と首側の肌色との差を見る方法がいいと思います。

悩んだときは若干明るめになる色が若々しく見えます。

そしてファンデーションを購入するときはその「基本の色」のほかに1~2色買いましょう。できれば基本の色より「やや明るく見える色」と「やや落ち着いて見える色」の2

色です。なぜかというと洋服によって、肌色の見え方が変わるからです。

肌色が明るくキレイに見える洋服を着る日もあれば、ときには肌色がくすんで元気のない色に見えてしまう洋服を着る日もあります。

洋服の色によって「元気よさそうだね」「今日は若々しいね」「顔色がいいね」と言われたり、逆に「どこか調子でも悪い？」「疲れてる？」と言われた経験はどなたにも一度はありますよね。

「肌映り」という言葉があるように、特に顔色は胸元にくる「色」の影響をまともに受けてしまいます。だからその「マイナス効果」をファンデーションの色を変えることで、自分で調整しておくのもおしゃれ上手な女性のテクニックではないでしょうか？

6 自分のことって意外とシビアに見ていないもの

毎日がほとんど同じことの繰り返しでただ時間が流れていくだけ。

特に大きな変化もないし毎日がつまらない。

そういえば「私って最近ときめいてない」なんてCMもありました。

何をやってもおもしろくない、なんかいいことないかなあと思うことは誰にもあります。

そんなときこそ「自分を振り返るチャンス」です。

気分転換に、ちょっと自己分析をして気持ちをリフレッシュしてみませんか。

案外自分のことってシビアに見る機会がありませんから、こんなときこそあなたの中に隠れた本当の自分（資質）を見つめるいい機会です。

自己分析（本来の性質）チェックシート

AとBのうち今の自分に近いと思うほうに○をつけてください。

―　資質Ⅰ　―

①A（　）「与えられた環境の中」でなんとかしようと努力するほうだ
B（　）絶えず自分の環境をよくしようと「改革&工夫」するほうだ
②A（　）いきなり大きな仕事を任せられると戸惑いや不安のほうが大きい
B（　）どんな仕事でも任せられたほうが張り合いを感じ、やる気が起こる

③
A（　　）今までのやり方は「なるべく変えずに」やるほうが得意
B（　　）いつも「自分なりにやり方を工夫&アレンジ」するほうが得意

④
A（　　）やったことのない仕事は、できればやりたくない
B（　　）変わった仕事、初めての仕事をいろいろとやってみたい

⑤
A（　　）スケール（規模）の大きなことを考えるのは苦手
B（　　）何ごとも大きなスケールで考えるのが得意

⑥
A（　　）グループ内で意見が対立し、波風が立ちそうなときは、多少不満があっても自分のほうが引く（譲歩）ことが多い
B（　　）グループ内で意見が対立したら、多少波風が立ってでも自分の意見はしっかりと述べるほうである

⑦
A（　　）仕事は「正確さ」をモットーとしている
B（　　）仕事は「スピード」をモットーとしている

⑧
A（　　）何ごとも「無難に安全（安定）に」こなすことが第一だと思う
B（　　）多少危険を冒しても「なんでもトライ」してやっている

⑨
A（　　）緻密（繊細で細かい）な仕事がわりと得意である

B（　）何ごとに関しても大雑把（大胆）なほうだと思う
⑩A（　）どちらかというと我慢（忍耐）強いほうである
B（　）単調（退屈）な仕事は我慢できない（苦手である）

—資質Ⅱ—

①A（　）短時間にたくさんの仕事を片づけることが得意である
B（　）短時間にたくさんの仕事をこなすのは苦手である
②A（　）比較的、あきっぽい性格だと思う
B（　）ひとつのことを長時間継続（持続）できる
③A（　）動作は機敏（素早い、テキパキしている）なほうである
B（　）何ごともわりとゆっくりとしたペースでやるほうである
④A（　）歩くのが人より速いと思う
B（　）歩くスピードはどちらかというと遅いと思う
⑤A（　）じっくりと考えるより早く実行したいタイプ
B（　）じっくりと考えてからでないと実行できないタイプ

⑥A（　　）結論は早く出したいタイプ
B（　　）結論はあまり急がないほうがよいと考えるタイプ
⑦A（　　）強引なところがあると思う
B（　　）あまり無理押しせず、粘り強くやるほうである
⑧A（　　）そそっかしい、落ち着きがないと思う
B（　　）いつも落ち着いていて冷静なほうだと思う
⑨A（　　）気持ちの切り替えが早い
B（　　）気持ちの切り替えがなかなかできず、尾を引くことが多い
⑩A（　　）人より早くバテてしまうほうだと思う
B（　　）人一倍スタミナには自信がある

―資質Ⅲ―

①A（　　）多くの仲間とともにする仕事が好き（接客、サービス業系）
B（　　）書類、図面、機器などと向かい合う仕事が好き（事務職系）
②A（　　）人から感謝されたり、認められたときにうれしいと感じる

B（　　　）人がどう捉えようと、自分の目標を達成したときに張り合いを感じる

③A（　　　）みんなとワイワイやる時間のほうが好き
B（　　　）ひとりで静かにしている時間のほうが好き

④A（　　　）にぎやかなところが好き
B（　　　）静かなところでないと落ち着かない

⑤A（　　　）仲間がいないとなんとなく不安になる（心細い）
B（　　　）一人でいることがあまり苦にならない

⑥A（　　　）どちらかといえばアウトドア（室外）派だと思う
B（　　　）どちらかといえばインドア（室内）派だと思う

ではそれぞれの数を数えて入れてみてください。

資質Ⅰ　Aの数（　　　）個　Bの数（　　　）個
資質Ⅱ　Aの数（　　　）個　Bの数（　　　）個
資質Ⅲ　Aの数（　　　）個　Bの数（　　　）個

〈自己分析結果〉

◆資質Ⅰ

〈A〉の数が多い人は基本資質が「堅実型（ブレーキ型）」

・何ごともひとつひとつ確かめながら、段階的に進まないと気がすまない
・常に不安や心配ごとが先にくる
・仕事のスピードはやや遅いが、その取り組み方は慎重で丁寧
・確実な成果をコツコツと上げていくタイプ

〈B〉の数が多い人は基本資質が「積極型（アクセル型）」

・全体的な把握に重点を置くため、時に末端の問題を二の次にする傾向がある
・仕事はスピーディーで積極的にこなし、エネルギッシュな取り組みをする
・一直線に進むため、いろいろな問題や壁にぶつかることが多いが、結果も出せる

◆資質Ⅱ

〈A〉の数が多い人は「短距離型」

・アクションが早く、短期決戦に向いている
・粘りに乏しく何ごともすぐに放り出す傾向がある
・最初の意気込みは威勢がいいが、すぐにバテる
・あちこち食い散らかして何も実らないこともある
・機転がきくため、急ぎの仕事にも間に合うので重宝がられる
・器用貧乏になりやすい

〈B〉の数が多い人は「長距離型」

・地味ながらもコツコツ努力を続ける
・息が続くので地道な持久戦に向いている
・長い間の努力が実を結んで一挙に花咲く可能性を秘める
・一見、鈍感ですぐに役立ちそうにないこともあるが、辛抱して指導すれば大いに成長する可能性が高い
・大器晩成型か、鳴かず飛ばずで終わってしまうかの見極めが困難な面がある

◆資質Ⅲ

〈A〉の数が多い人は「対人型」

・一般的に外向的で行動的
・人と話すことが好き(得意)
・考え方や行動に統一性がなく、何ごとも衝動的になりやすい。
・やりっぱなしに注意することが必要

〈B〉の数が多い人は「対物型」

・一般的に内向的で思索的
・積極性や発展性に乏しく、内にこもりやすい（人見知りしやすい）
・理屈や理論が先走って、行動が伴わない傾向がある

この3面を組み合わせると、「自分の基本資質」のひとつの目安が見えてきます。ただ、あくまでもこの結果は今現在のあなたの姿なので、心がけや行動の取り方次第で、どんどん自分を変え、成長させることも可能です。

「私はこんなタイプなんだ」と、自分を客観的に冷静に見る時間を持つことが大人の女性への大切な一歩だと思います。

7 まだまだある！ 1週間でできること

1週間という区切りの中で「自分創り」としてできることは、まだまだたくさんあります。

＊「歩く」ことに関してのアイデア

①ただ歩くのではなく、背筋をすっと伸ばしてお腹をへこませ、まっすぐに前を見て歩くことを意識して過ごす。それだけで、姿勢がよくなるばかりかダイエットにも効果があります。

②1週間、絶対にエレベーター、エスカレーターを使わない。階段の上り下りだけでもけっこういい運動になります。

③「万歩計」を使って1日1万歩歩いてみる。

1万歩ってなかなか歩けないものです。私もときどき確認しますが、動かない日は4000歩という日もあってびっくりします。自分が1日平均、通常生活で何歩ぐらい歩いているか確認しておきましょう。

万歩計にはさまざまなタイプのものがあり、中にはゲーム感覚で楽しめるものも出ていますので、自分に合ったものを探してみるのも楽しいものです。

＊「話す」ことに関してのアイデア

①1週間、声のトーンをいつもより少し上げて話してみる

それだけでちょっと元気になったような気がしてきます。気持ちが沈んでいるときは声も低く、暗くなりがちです。そんなときにこそ試してみてください。

②「うわさ話」をしない、加わらない

女同士が集まると、ついついうわさ話に花が咲いてしまうもの。でも1週間だけはそんな話題から自ら遠ざかってみましょう。意識して楽しい話題の提供や逆に「褒め話」に替えてみるのも効果的。女に磨きがかかります。

③自分から積極的に「挨拶」するようにする

「おはようございます」「こんにちは」と気軽に声に出してみましょう。苦手だと思っている人に対してこそ、思い切ってこちらから声をかけてみるのです。もしかしたら会釈ぐらいは返してくれるかもしれません。まずは身近な自分の周りの人に徹底的に「挨拶」で笑顔を送ってみてください。

④感謝の気持ちは素直に表現する

私は「ありがとう」という言葉が大好きです。親子でも友だち同士でも、感謝の気持ちは素直にあらわせる女性になりたいものです。「ありがとう」を自然に言える人って魅力的。たとえば「そのお服いいわね」と言われたとき、「そう？ 安かったのよ」「そう？ 大したブランドじゃないのよ」と言ってしまいませんか？ こんなときこそ「ありがとう。似合ってる？」と言えるほうがスマートでチャーミング。「ありがとう」の言葉の数だけ幸せに近づくと思います。

⑤「ごめんなさい」も大切な言葉

意地を張ってつい言いそびれてしまう「ごめんなさい」ってありますね。あとで後悔したことはありませんか？ 自分が悪かったなと思ったら、まずは「ごめんなさい」と、ひとこと言ってしまいましょう。そのあとで「でもね……」と気持ちを伝えればいいのです。

常に素直な気持ちにすぐに戻れる人こそ、本当の意味で器が大きいと思います。

ただ、むやみやたらに「すみません」が口癖の人は、レベルが低く見られますから気をつけましょう。

＊「生活」に関してのアイデア

①テレビを消して過ごす時間を作ってみる
仕事から帰ったらまずテレビをつける。私も案外そのタイプで、本当にテレビって無意識につけてしまっています。1日中テレビの前に座り込んでしまうなんてことないでしょうか？　見てもいないテレビがついていることって多いと思います。1週間「見たい番組の時間だけ」テレビをつける意識で生活してみると、いろいろな「日常の音」に気づいて新鮮だと思います。

②新聞をしっかり読んでみる
中には「今さら……」という人もいるかもしれません。そんな人は一度、新聞を

隅から隅まで徹底的に読んでみましょう。そこには何か新しい発見があるかもしれません。普段、新聞を読む習慣のない人は、試しに1週間だけでも読んでみましょう。

ただし、全部読むのは大変でしょうから、せめて一面だけでもきっちり読むとか、気になるコーナーや記事部分だけでも拾い読みしてみるといいと思います。テレビなどの音で入る情報と、読んで目から入る情報とは違った感覚があると思います。

③本を読んでみる

1週間で何冊本が読めるかをやってみるのも楽しいと思います。1日1冊読めば7冊も読めます。また、普段とはまったく違うジャンルの本に挑戦してみるのもいいですね。読書はついつい自分の好きなテーマにどっぷりと浸かってしまうことがありますから、友だちや会社の上司などに「お勧め本」を聞くのはとてもいいですね。

④食事を考える

普段あまり読書をしない人なら、単行本でもいいので1冊読んでみましょう。

食事のバランスのとり方は最初にもお話ししましたが、やはり誰しも食べ物には好み(偏り)が出てきます。肉が好き、魚が好きなど、どうしても好きなものに偏ってしまいがち。

そこで、提案。

とにかく1週間食事を「野菜中心」にガラリと変えてみるのです。外食するときも「野菜」がいっぱいとれるメニューを選んだり、ジュースを飲むときも野菜ジュースにしてみたり、方法次第でいろいろ楽しめそうです。もちろんこの食事スタイルは身体に大変いいので、1週間意識するだけで、便通がよくなったり、肌荒れが治まったりとうれしい結果も出るかもしれません。

まだまだ、これ以外にも1週間でできそうなことはたくさんあると思います。無理をしないで、楽しみながら、ほんの少し意識を変えてトライしてみてください。

8 夢をカタチにする「自分創りノート」の不思議な力

人の気持ちは本当に移り気なもの、1秒たりともじっとしていてはくれません。かくいう私もひとつのことを継続させることがとても苦手。そのくせ、人一倍好奇心も向上心も旺盛だったので、いつも気持ちばかりが先行して、現実がついていかない典型的なタイプでした。

これではいけない、何かよい方法はないかと思っていたとき、中山庸子さんの本で「自分の夢をノートに書いていく」という方法を知りました。

いいと思ったことはすぐに実行に移すのが私流。早速「専用ノート」を作り、今何をしたいか、何が欲しいか、どんな人間になりたいかなど、思っていることをどんどん書き出してみました。

不思議とそれだけで、自分が漠然と描いていた「理想の自分像」に1歩ずつ近づくような気がしました。その上、事実、このノートに書いていくだけで、どんどん夢や理想だったことが現実になっていったのですから本当に不思議です。

これをさらに、私流にアレンジし、目から入る文字やデザインなどで自分を洗脳していくやり方を加えました。

私はこれを「視覚的自己暗示」と呼んでいます。目から「カタチ」を入れる方法は特に女性にはお勧め。たとえば英単語を覚えるときも、ただ読むだけでなく、書いて目にして、声に出したほうがよく覚えられるのと同じだと思います。

私はこのノートを「自分創りノート」と名づけ、ただ書くだけでなく、イラスト化したり、目標とする憧れの女優さんの写真を貼ったり……。欲しい服やバッグや靴などは、雑誌を切り抜いてそのまま貼ったりしています。もうなんでもありの世界。あなたの思うままで構いません。

私が今している仕事（職業）も「こうなりたいな」と思って描き続けた夢が叶った一例です。

最近では、普通サイズのノートでは物足りなくなり、B４サイズのスケッチブックが大活躍しています。今は、将来住んでみたい家や間取り、理想のオフィスの写真や気になるインテリアなどを貼り付けることが多い気がします。

そして暇さえあればそれを眺めます。

この「眺める」ことも大切な要素のひとつ。せっかく具体化した「視覚的情報」を常に意識にイメージングしていくことが早期実現へのパワーになるからです。

この夢をカタチにする「自分創りノート」の作り方を紹介します。

〈自分創りノートの作り方〉

①まず、A4サイズ以上の少し大きめのノートを用意

開くのが楽しくなるようなお気に入りの色やデザインのノートがベスト。ちなみに私は今、キレイな青色の表紙のスケッチブックを使っています。

②ノートが決まったら、最初のページに次のことを書き込みます

「自分創り」のための大切な第一歩ですから、あなたが書ける一番「丁寧」な文字でしっかりと書いてくださいね。

- ノートのタイトルを決める。(私のノートのタイトルは「KAWARU《かわる》」です)
- 自分創りを始めたスタート日(今日の日付)
- あなたの名前(フルネーム)

③あとはあなたの夢や希望、気になる情報をどんどん書き込んだり、貼り付けてい

きます
●雑誌や新聞の切り抜きは視覚化しやすくわかりやすい！
●テレビからの情報は貴重なデータになります

④１日一度はノートを眺めましょう
ノートに視覚化した「夢」「叶えたい希望」「欲しいもの」を何度も繰り返し眺めることで意識に刻印されていくのです。


たったこれだけのことですが、視覚的に夢や願望をカタチにすると、不思議な力がおもしろいほどそれらをどんどんあなたのほうへ引き寄せてくれます。

それらが手に入るイメージを常に思い描きながら、何度も何度もノートを開いて眺めることが成功へのたったひとつの秘訣です。

いきなり「大きな夢」を実現するのは難しいかなと思ったら、まずは、ちょっとの努力でも手に入りそうな「小さな夢」からスクラップしてみるといいかもしれません。

たとえば、「エルメスの新作バッグが欲しい」

「デジタルカメラが欲しい」

「一泊二日の温泉旅行がしたい」

「パソコンを買い換える」

「新しい靴を買う」など……。

欲しい物の写真スクラップ効果は実現が早いのでお勧めです。

この「自分創りノート」は他人に見せるためのものではありません。

あなただけがこっそりと開く〈超プライベートゾーン〉です。

だから、誰にも遠慮せず、本当に実現したい素直な夢や願望、目標をどんどん詰め込んでみてください。「視覚的自己暗示」の力は想像以上に大きな力であなたを幸せに導いてくれます。

第3章

1ヵ月あればあなたのイメージが創れます

〜ワンランク上の挑戦をするレッスン〜

1 イメージスケールであなたの印象をチェック

1週間単位の「自分創り」はうまくいきましたか?

毎日何かを続けるって大変そうと思っていた人も、楽しみながらやれば案外できると感じたのではないでしょうか。少しずつでも「なりたい自分に近づいているな」と思えればここまではOK! さらなるステップに進みましょう。

ではいよいよ「1ヵ月」を目標にしたワンランク上の挑戦です。そろそろ目標も少し大きなものにしていきましょう。

そこで、具体的にどんな女性になりたいかをもう一度確認します。

第1章の初めに「理想の女性像」を思い描き、それをしっかりとスタイリングノートに書いた方はもう一度、そこを見て自分をイメージしましょう。

私は普段、セミナーなどで「あなたはどんな女性になりたいですか」「どんな印象で見られたいですか」とうかがう機会が多いのですが、なかなか具体的な答えが返ってきません。あまりにも漠然とした質問だから答えにくいのでしょうか。中には「自分でもわからない」と答える方もいらっしゃいます。

しかし、イメージ作りをするためには「具体的な目標」が必要です。

そこで私は「イメージ（見た目の印象）」を4つのグループに分けて捉える方法を指導しています。まずはその中で自分が目指したいイメージを選んで作り上げてみましょう。

では、4つのイメージをわかりやすく具体的に女優さんや歌手の方のお名前を挙げて説明します。

◆4つのファッションイメージ

A　ナチュラル

あまり作りすぎず自然なままの素材を上手に生かしている

→素朴なナチュラル系のファッションやメイクが似合う

☆山口智子　竹内結子　菅野美穂　松たか子

B　ロマンティック

→優しく、華やかで明るい印象。さわやかな色気を感じさせる

柔らかい女性らしいファッションやメイクが決まる
☆松嶋菜々子　鈴木京香　黒木　瞳　矢田亜希子　浅田美代子

C　インテリジェンス
↓颯爽としてキリッとした印象。女性キャスターや秘書のイメージ
シャープな要素が加わり、カッコいいファッションが似合う
☆飯島直子　藤原紀香　米倉涼子　長谷川理恵　高島礼子

D　モード
↓人工的に作り上げた美しさの要素が大きく、私は私というスタイル
個性的で非日常的な強いイメージ、なかなか真似できないファッション性
☆浜崎あゆみ　神田うの　柴咲コウ　叶姉妹　松雪泰子

今現在のあなたはどのイメージに近いでしょうか？

またこの先は、どのイメージになっていきたいと思っていますか？

ちなみに私の「理想のイメージ像」は「女性のかわいさ」が顔をのぞかせるロマンティックイメージなのですが、仕事柄どうしてもきりっと見られやすく、周りからは必ずイン

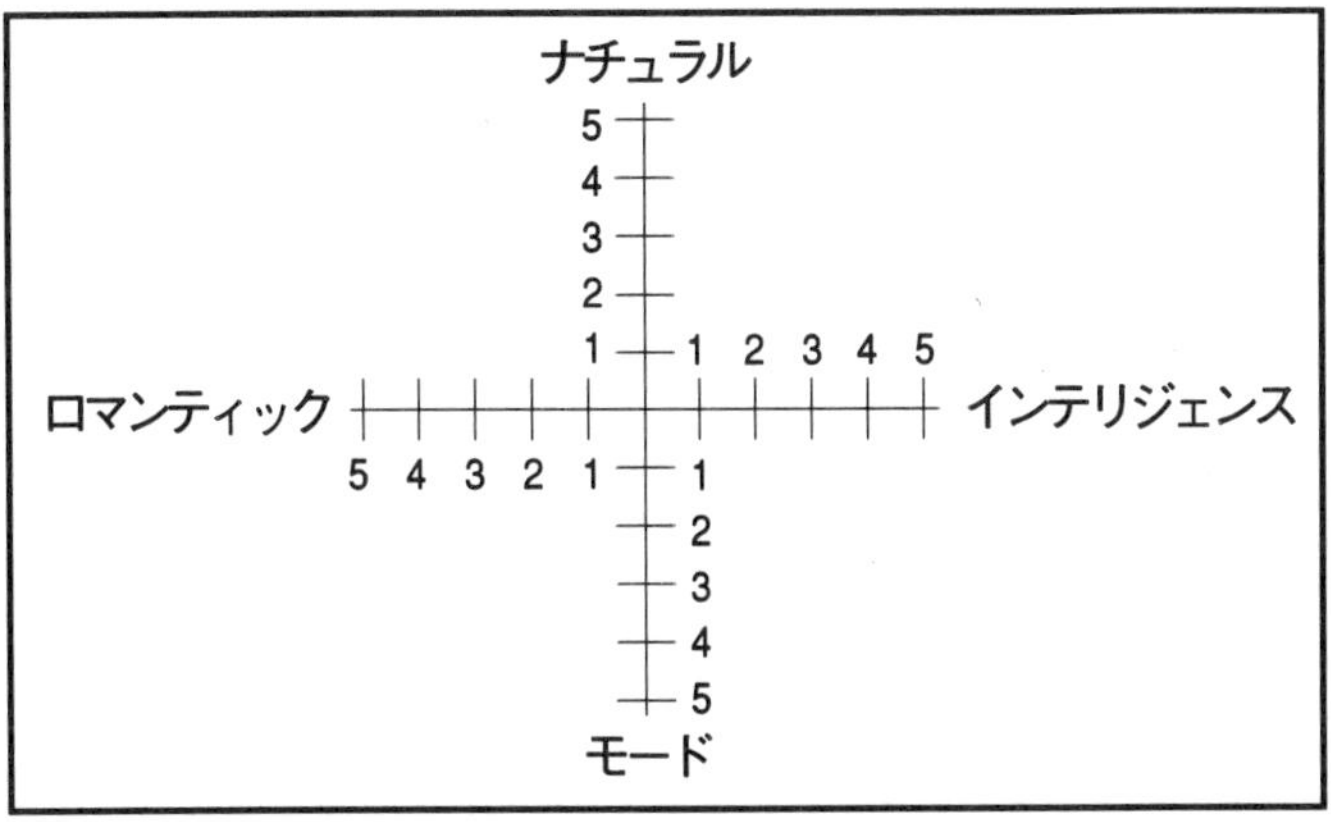

〈イメージスケール〉

テリジェンスイメージだと言われます。

このようになかなか自分で思ったようには人が見てくれないことは多いのです。

では今のあなたの「イメージ（印象）」を客観的に判断するために、私がセミナーで行っている「イメージ（印象）チェック」をやってみましょう。

次のA～Dの4つのイメージカテゴリーにそれぞれ5個ずつ言葉が入っています。その中であなたが持っている要素（自分に当てはまる）に○をつけていきます。全部チェックし終わったらそれを上のスケール（グラフ）に書き込んでください。

形もさまざまに!!

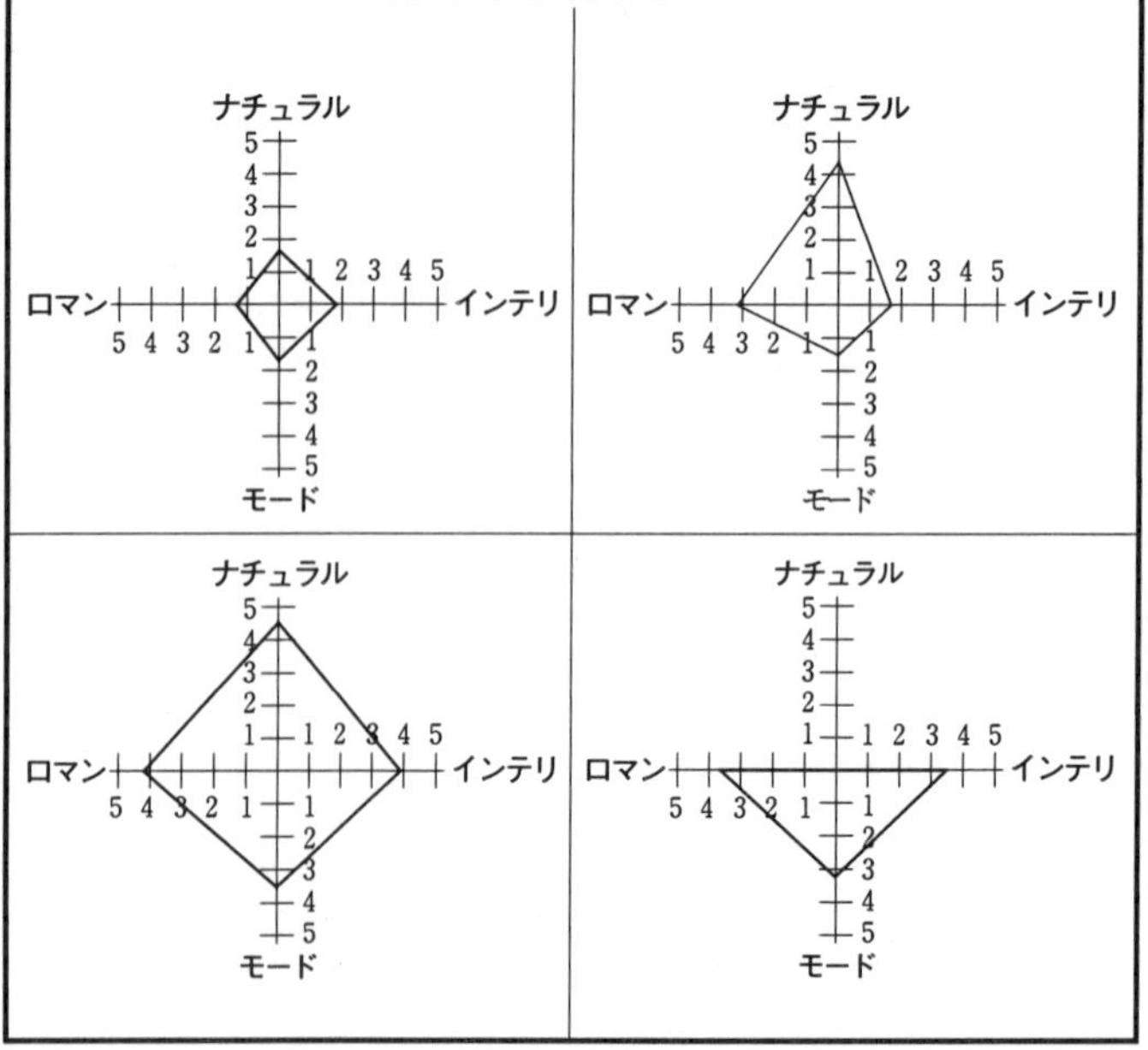

〈イメージチェックカテゴリー〉

A　ナチュラル

①素朴　②やわらかい　③なじむ　④自然　⑤普通

B　ロマンティック

①メルヘン　②明るい　③さわやか　④華やか　⑤優しい

C　インテリジェンス

①活動的　②知的　③責任感　④凛々しい　⑤強さ

D　モード

①個性的　②奇抜　③人工的　④独創的　⑤非凡

それぞれいくつ当てはまりましたか？　そしてあなたのイメージスケールはどんな形になりましたか？

大きな四角形になった人、三角形になった人、ちょっと変わった形になった人とさまざまだと思います。でもそれが今現在のあなたの「イメージ」なのです。

しかしこれは自分の判断結果なので、できれば周りの人、２～３人に同じことをやってもらうと「人（周り）から見たあなたのイメージ」がわかります。

中には私のように、自分が目指すイメージとまったく違う結果が出てびっくりする方も多いはず。知らぬは……と言いますが、自分のことって案外わからないものなのです。

このように、まずは自分がどのイメージになっていきたいか、今はどのイメージが強いのかを４つのパターンに当てはめて考えるようにしていきましょう。

そして、たとえばこの１ヵ月間は「インテリジェンスな私を創ろう」という目標を立ててトライしてもいいですね。その目標イメージに近づくように、洋服やメイクを工夫してみるのです。慣れてきて、この４つのイメージを自由自在に操れるようになったときが、美スタイルの上級者です。

2 ダイエットは目標を決めてスタート

第2章では、短期間で即効性のあるプチ断食ダイエットの話をしました。

もちろん、1ヵ月サイクルで考えたときでも、その間に何回かプチ断食を行い、多少の体重調整をするには効果があります。でも、せっかく1ヵ月という単位で考えるのなら、しっかりと目標を決め、それに向かって努力してはいかがでしょうか?

今回は目指す目標を次の3つの中から自分で選んでダイエットに挑戦してみましょう。

◆あなたの健康体重、美容体重、女優体重の3種類を出してみます

①健康体重＝身長(　　)m×　身長(　　)m　×　21.5　＝(　　)kg
②美容体重＝身長(　　)m×　身長(　　)m　×　19.5　＝(　　)kg
③女優体重＝身長(　　)m×　身長(　　)m　×　18.0　＝(　　)kg

例）私の場合は身長が160㎝なので次の計算になります。

★体重の計算

健康体重　＝　1.6　×　1.6　×　21.5　＝　55.04 kg

美容体重　＝　1.6　×　1.6　×　19.5　＝　49.92 kg

女優体重　＝　1.6　×　1.6　×　18.0　＝　46.08 kg

★その目標体重になったときの「理想体脂肪量」kgは?

健康体重の場合は　55.04　×　20%　＝　11.0 kg

美容体重の場合は　49.92　×　20%　＝　9.9 kg

女優体重の場合は　46.08　×　20%　＝　9.2 kg

★最後に落とさないといけない体重と体脂肪量の計算

現在体重　－　目標体重	＝（　　　）kg
現在体脂肪量　－　目標体脂肪量	＝（　　　）kg

こうやって具体的に数字を出すと、目の前に確実な目標ができます。しかし、女優体

重&体脂肪量を目指すにはかなりの努力が必要でしょうね。やはり女優業って大変なんだと感心してしまいます。目標数値が決まったら、それを目指すために、これから1ヵ月間は最低でも次の10の約束を継続しましょう。

①野菜を中心とした彩りのいい食事を心がける
②食事は腹7分目で抑える(もう少し食べたいというところでやめる)
③1日1回はストレッチする(短い時間でいいので身体を伸ばしたりする)
④エレベーター、エスカレーターは使わない(とにかく歩く)
⑤絶対にゴロ寝しない
⑥夜寝る前4時間は食べ物を口にしない
⑦1日2ℓは水を飲むようにする
⑧自宅にお菓子の買い置きをしない
⑨お酒の量を控える
⑩1日2回は全身が映る鏡で体型チェックする(体重もマメに測定)

あなたの「スタイリングノート」に1ヵ月間のグラフを書いてみるのもいいと思います。自分の努力とその結果をノートに残して励みにしてみてください。

3 あなたは何回目の「お肌の曲がり角」ですか？

あなたはいつも人からどのように見られていますか。

年相応に見られるならまだいいのですが、あまり年上に見られるとショックですし、反対にいつも若く見られるという得な人もいることでしょう。

こんな話がありました。

28歳になる私の友人が、あるとき、同じ歳の同僚と2人で、上司の家に遊びに行ったところ、その家の6歳ぐらいの子どもが同僚のことを「お姉ちゃん」と呼び、自分のことを「おばちゃん」と言ったとか……。

この友人はすっかり落ち込み「まったく失礼しちゃうわ。私のどこがおばちゃんだって言うのよ」と訴えていました。「子どもの言うことだからね」と彼女を慰めつつ、

「そう言えば、最近疲れてるみたい。元気がないし、あまりファッションに気を遣わなくなってるし……。子どもは正直なのかも……」

と思いました。そして、これが自分だったらどうだったかな……と考えたものです。

ところで、女性には5つの年齢があることをご存知ですか?

①戸籍上の正真正銘「実年齢」
②外見から判断する「見かけ年齢」
③気持ちの持ち方でも変わる「精神年齢」
④美しさの年輪でもある「肌年齢」
⑤身体の状態を示す「健康年齢」

このうち、①の実年齢だけは、どう頑張っても変えることはできませんが、あとの4つの年齢はどれも努力次第で自由に変えることができます。

たとえば②の見かけ年齢は、日頃の運動やダイエットなどで体型をキープしたり、ファッションセンスを磨くなどして努力すれば簡単に操作できます。ただ、ちょっと自分に手を抜くとあっという間に戻るという怖い年齢でもあります。

③の精神年齢は、性格でも左右するので、一概には言えませんが、気持ちの持ち方で大きく操作することが可能です。中高年でも若々しい感性を持っている人は、いつまでもかわいらしくチャーミングでステキだと思います。

④の肌年齢は、あなたの意識次第でキープすることが可能です。いつまでも美しく若々しく保ちたいなら、手抜きをしないでお肌にも愛情をかけましょう。

さらに肌年齢を保つポイントは女性としての「刺激」を常に受け続けること。たとえば恋愛。恋愛中は誰もがとても美しく輝きます。これは恋をしている女性の肌はホルモンの分泌が盛んになるからです。だから当然、肌つやがよくなり、さらにファッションにも気を配るようになり、鏡を見る時間が長くなります。こうしてどんどん自分磨きに拍車がかかり、結果、ダイヤモンドのように輝きを増すのでしょう。

⑤の健康年齢も、食事の工夫や適度な運動などの努力しだいで操作できる年齢です。10歳ぐらい若い体を維持することも可能です。最近は健康ブームなので、いろいろな健康グッズや健康食品、サプリメントも豊富にあります。自分なりの「こだわり」を持って身体をいたわる心を持ちましょう。

さあ、それではこの中から、美容的にも大切な④の【肌年齢】について、もう少し詳しくお話しします。

女性の肌は人生の中で「3回曲がる」と言われています。曲がるというのは「肌が変化する」という意味です。それを専門的には「肌のショック年齢」とも呼びます。

あなたは今、どの段階にいるでしょう？

そして今、何に気をつけてお手入れしたらいいのでしょうか？

〈肌のショック年齢〉

1回目の曲がり角　15〜17歳（環境、食生活の影響でどんどん低年齢化している）

↓何もしなくてよかった肌から、化粧品によるなんらかのお手入れが必要な肌に変化。ただ、この時期に肌の変化に気づく人はほとんどいません。

中には皮脂分泌のバランスが崩れて「ニキビ」に悩む人がいます。

◆ポイント◆

・この時期に上手に化粧品と出合うことが大切。ついついメイクなどつけることに夢中になりがちですが、何よりも「正しい洗顔」の仕方をきちんと覚えることが必要な時期。

2回目の曲がり角

25歳前後（実際には22～23歳）

↓肌のピークを迎える時期。水分、皮脂、細胞活性などすべてにおいて肌状態が頂点に達します。したがって、ここからは徐々に肌は下り坂に入り、老化へ向かっていきます。

◆ポイント◆

・肌のピークを早く自分で意識し、お手入れを始めることが大事。ピークのサインは「毛穴の存在」。たとえば、黒ずみ、毛穴の開き、毛穴部分のザラつきなどが気になってきたとき、あなたの肌はピークを迎えています。

◎さらにここでは年齢別に分けてお手入れを考える時期に入ります。
★25〜35歳　前半10年間は「色」の悩みが集中します。
色（くすみ、シミ、黒ずみ、くまなど）のメンテナンスを徹底して行うようにしましょう。
★35〜45歳　後半10年間は「形」の悩みが集中します。
形（シワ、タルミなど）のメンテナンスを徹底して行うようにしましょう。

3回目の曲がり角　45歳前後（実際には50歳前後の方が多い）

↓閉経などでホルモンが安定する時期に入ります。
これ以降は肌に大きな変化がないかわりに、肌細胞ひとつひとつの老化や衰退が深刻になってくる時期に入ります。
◆ポイント◆
・若返りケアに集中しましょう。特に「細胞レベルのスキンケア」を考えるといい時期です。いろいろな最先端技術から生まれた化粧品の力を試すには、この曲がり角が最適です。

・日常生活では「記憶細胞」を鍛えましょう。

記憶細胞と肌細胞は関連性があり、互いに比例すると言われます。60兆あるという人間の細胞の中で、意識して鍛えることができる「記憶細胞」を鍛えれば、肌細胞も元気になるのです。

たとえば、ちょっとした物忘れをしたときあなたは思い出すのを諦めるほうですか？　その諦めが記憶細胞の機能を弱めてしまう原因です。これからは物忘れしたときは、何がなんでも思い出そうと努力するだけで、記憶細胞がかなり鍛えられます。記憶細胞を弱め自滅させているのは実は自分のこんなちょっとした習慣だという話は大変興味深いと思いませんか。

このように女性の肌は年齢とともに変化しています。ですから、そのときどきに合わせたスキンケアが大切なのです。

中でも、肌が大きく変わる「2回目の曲がり角」は女性にとって大きなターニングポイント。25歳前後になると肌の老化がスタートし、それが年々深刻になっていきます。

その深刻な老化の第1ステップが「シミ」のあらわれです。
この老化現象は思った以上に早い時期にあらわれます。
では次にそのシミについてお話しします。

一度できてしまったシミはもう取れないと諦めていませんか？　先天性のシミを取るのは大変難しいですが、後天性のシミなら必ずと言っていいほど改善できるので諦めずに努力してください。

シミは皮膚表面に出ることが多い「色」のトラブルです。
色素沈着してしまった部分が肌の新陳代謝で取り除けず、残って定着してしまったのが「シミ」となって目に見えるのです。

比較的皮膚の浅い部分（表皮）にできたシミは取りやすいのですが、中には皮膚表面から一歩奥に入った部分（真皮と呼ばれる部分）に落ちてしまうシミもあり、こうなるとなかなか改善しにくくなります。このようにシミのお手入れはある意味、自分との戦いだと言われるのはこんな理由からなのでしょう。

ではここで、シミの独特な性質について少し勉強しましょう。

眉間を基点に目のまわりを大きく囲み、鼻先までのゾーンを『ハートゾーン』と呼びます。
第1期
第2期

〈ハートゾーン〉

〈シミの性質1〉

☆第1期のシミは目と鼻を中心とした「ハートゾーン」の内側に出てきます

この部分のシミはお手入れを早くスタートさせれば比較的改善しやすい場所です。紫外線が当たる量が多く、肌の水分量が少なく、皮膚の厚みが大変薄い部分なので、それだけでシミができやすい条件が揃ったゾーンです。

☆第2期のシミはハートゾーンから外れた外側に出てきます

ここは皮膚の代謝機能が弱い部分なので、肌の改善がなかなか困難な場所。時間をかけてお手入れしなければ結果がなかなか出ない部分です。

◆ポイント◆

シミは第1期で早く発見してお手入れを始め、第2期にならないように、日々予防するほうが効果的。

〈シミの性質2〉

シミは神経に沿って左右対称に出る特徴を持っています。ですから今実際に出ている「目に見えるシミ」ばかりをお手入れしていてもだめなのです。知らぬ間に「シミ予備軍」がどんどん肌の奥で作られています。そのケアとしておすすめなのが、「見えないシミ」にも美白のお手入れをする方法。神経に沿って左右対称にあらわれるというシミの特徴を逆手にとって、すでにできてしまったシミの反対側の同じ位置にも同時に美白のお手入れを徹底的に行いましょう。

◆ポイント◆

美白ケアはシミ部分だけでなく「シミ予備軍」にも行うと効果的。

〈シミの改善ストーリー〉

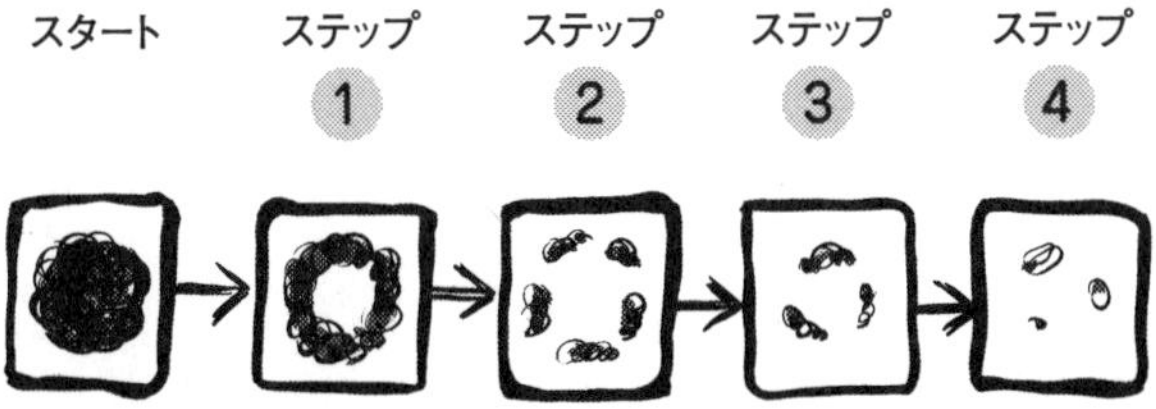

〈シミの性質3〉

シミは一気に改善しない肌トラブルです。ある程度の期間を見てお手入れをしなければなりません。ですから途中でリタイアしないよう、そのシミが改善していくストーリーを自分でしっかりとイメージしながら、ケアすることをおすすめします。

☆シミは次のストーリーで少しずつ改善されていきます。（上のイラスト参照）

◆ポイント◆

●ステップ①　美白ケアの効果は細胞の一番下から出てくるので、最初はシミの真ん中から色が抜け「ドーナツ型」になります。

●ステップ②　さらにお手入れ効果が出てくる

と、ドーナツ型が崩れてバラバラに分かれてきます。ですからこの時期、一時的にシミの数が増えたと感じることがありますが心配いりません。増えて見えるのは逆に美白ケアが順調な証拠です。

●ステップ③&ステップ④　ここからは確実にシミが目に見えて改善し、薄い色に変化していく段階に入ります。

シミは3ターンオーバー（28日×3回）約3ヵ月で改善されていくことが多いので、まずは3ヵ月間しっかりとお手入れを続けましょう。

4 目指すイメージでメイクを変える!

次はいよいよ「自分のイメージ」を仕上げるためのメイクレッスンです。

この章の初めに「イメージ」チェックをしましたので、自分はどのイメージの女性になりたいかがすでに具体化できているはずですね。

まずはその「目指すイメージ」に近づくメイクのポイントレッスンをしましょう。そして最終的には「ナチュラル」「ロマンティック」「インテリジェンス」「モード」の４つのイメージをメイクでも表現できるようになるといいと思います。

また、もっと気軽に、平日は仕事だからきりっとインテリジェンス系、週末はちょっとロマンティック系、ときにはカッコよくモード系……という感じで、イメージ創りをラクに捉えてもいいのでは？　自分のイメージを時と場合、また相手に合わせて、自由自在に使い分けてみることが本来のおしゃれの醍醐味だと思います。

ではメイクの「ポイント」をそれぞれご紹介しましょう。

〈イメージ別のメイクポイント〉

◆ナチュラルのポイント

・肌は素肌感を残すように仕上げます（透明感のあるリキッドファンデーションなどがお勧め）。

・各ポイントは作りすぎないように注意します。色を使いすぎたり、線を描きすぎたりすると「人工的」な要素が加わり、ナチュラルイメージから遠ざかってしまいます。
・どのポイントも「グラデーション（ぼかしこむ）テクニック」を用いて肌になじませるようにします。
・「ナチュラルイメージ」と「すっぴん（ノーメイク）」は意味が違います。

◆ロマンティックのポイント
・ややカラーを楽しみ華やかで明るいメイクを心がけます。
・肌づくりの際には「ツヤ感」を演出し華やかなイメージをプラスします。そのためにファンデーションの中に「パール剤」を加えるのもお勧め。
・あまり強く濃く作りすぎず、全体的には「ふわっ」としたやわらかい仕上がりを目指します。
・アイブロウもリップもチークも「曲線」をイメージして描くと、柔らかさが出ます。

◆インテリジェンスのポイント

・眉メイクで、ややシャープなイメージを作ります。そのためにはまずスッキリとした形の眉に整えることが必要となります。
・目もとには、きりっとした印象をプラスするために、ビューラー、マスカラ、アイラインなど「線」の要素を加えます。
・柔らかく肌になじむ色よりも、クールですっきりとした色を使用するとシャープな印象が演出しやすいでしょう。

◆モードのポイント

・肌の色トラブルをしっかりとカバーし、多少作り込んだ質感の肌を丁寧に作ります(厚化粧をするという意味ではありません)。
・「線」の要素を強調し、全体的には人工的な美しさを出します。
・目もとは特に作り込んでもいいポイントです。ほとんどの日本人の目ははっきりしていないので、アイラインやビューラー、マスカラ効果で強調します。
・どちらかというとしっかりメイクをベースに全体のバランスを取ります。

メイクは人それぞれ素材（持っているパーツ）が違うので「ナチュラルのポイント」といっても千差万別、厳密には細かい部分の仕上げ方が違います。ここで紹介したポイントはあくまでも大まかな「基本ポイント」として捉えてください。

雑誌にはたくさん情報があふれていますから、時には自分でも情報収集してみるといいと思います。

5 あなたを輝かせる色のマジックを使いましょう

あなたは、何色が一番好きですか？

その色は、あなたをステキに見せてくれますか？

好きな色の洋服は誰だって着てみたいと思うものですが、中には好きな色が必ずしも似合う色ではないということもあります。あなた自身の肌色とのバランスで、元気に若々しく見えたり、顔色を悪く見せたりする「色のマジック」も知っておくと役立ちます。

私たち日本人の肌の色は、ほとんどの人が黄赤（YR）という色相の範囲に入ります。いわゆる「ベージュ」と言われる色です。そしてこれが日本人の肌色の基本色です。しかし、同じ黄色人種でも、ひとりひとりよく見ると微妙に色が違います。肌の色に含まれる数種類の色素の比率によって差があるためです。

第2章で紹介したように、まずは自分の肌色の傾向を見極めることが大切。それをファンデーション選びに活かしてください。

ではここで、あなたをより魅力的に見せる「引き立て色」が何色系なのかをチェックしてみましょう。

次の質問で当てはまるものに○をつけてください。

〈カラーチェック〉

（　）①シャツはオフホワイトより真っ白が好き
（　）②黄色やオレンジの洋服はあまり着ない
（　）③ベージュとグレーだと『グレー』のほうが好き

（　）④紺系と茶系のスーツなら『紺系』を選ぶ
（　）⑤アクセサリーはゴールドよりシルバーやプラチナが似合うと思う
（　）⑥眉を描くとき、グレーやブラックを使うことが多い
（　）⑦口紅はピンク系やローズ系が似合うと思う
（　）⑧どちらかというと色白だと思う
（　）⑨肌色はピンク系である（赤みが強い）
（　）⑩肌のくすみや目の下のくまはあまりない
（　）⑪日焼けすると赤くはなるが、黒くはならない
（　）⑫二の腕の内側は、ほんのりとピンク色をしている
（　）⑬手のひらの色は、手の甲に比べると赤みが強い
（　）⑭頬が赤くなりやすい
（　）⑮寝起きの顔色はいつもいい（青白くない）
（　）⑯お酒を飲むと顔が赤くなる

①〜⑯の○の合計　　　個

〈インパクトチェック〉

（　）⑰実際の年齢よりも若く見られる
（　）⑱目が大きい
（　）⑲瞳の色は黒い（茶色ではない）
（　）⑳くっきりとした二重まぶたをしている
（　）㉑眉は濃いほうだと思う（しっかりしている）
（　）㉒顔立ちは派手なほうだと思う（濃い顔立ち）
（　）㉓鼻が大きいほう（顔の中で目立つ存在）
（　）㉔口の大きさは普通～大きいほうだと思う
（　）㉕髪の毛は黒い（染める前の色で判断すること）
（　）㉖おしゃべり上手で友人が多い
（　）㉗リーダーシップがあり、イベントごとが好き
（　）㉘思いつきで行動することが多い
（　）㉙暑さに強く、冬よりも夏が好き
（　）㉚スポーツ好きでアウトドア派である

（　）㉛Tシャツの柄ははっきりとした大柄が好き
（　）㉜アクセサリーは大きめが好き

⑰〜㉜の○の合計　個

カラーチェック&インパクトチェックの両方の○の数を数えて出した数字が上の表のどこに入るかを見てください。

		インパクトチェック	
		16〜9個	8〜0個
カラーチェック	16〜9個	冬	夏
	8〜0個	春	秋

では簡単にそれぞれのタイプ特徴を説明します。

◆春タイプ　色の中でも濁りのない「きれいな色」が似合います。

淡いパステル系にも印象が負けません。

少し「黄味」がかった色が、あなたの肌色をよりいっそう引き立ててくれます。

◆夏タイプ

少しトーンの優しい「涼しげな色」が似合います。
パープル系からブルー系は、あなたの印象を引き立ててくれます。
少し「青味」がかった色が、あなたの肌色の透明感を引き出します。

◆秋タイプ

秋の紅葉にイメージされるような「深みのある色」が似合います。
少し落ち着いた色合いを着ても品よく着こなせます。
やや「黄味」がかった重厚な色が、あなたの肌色を引き立てます。

◆冬タイプ

一見派手なイメージのある「ビビットな色」が似合います。
インパクトのある色もモノトーンもセンスよく着こなせます。
やや「青味」がかったパンチのきいた色があなたの肌をいっそう引き立てます。

自分に似合う色の傾向、引き立ててくれる色の傾向はおわかりになりましたか。試しにその色を、メイクやファッションにどんどん使ってみてください。

きっとあなたの魅力をさらに引き出してくれると思います。中には新しい発見があるかもしれません。

そしてここでひとつ付け加えたいことがあります。

色について勉強していると、中には「好きな色なのに自分に似合わない色だから絶対にもう着ない」という方がいます。

似合う色がすべてだと勘違いしないでください。ファッションはあくまでも感性優先でいいと思います。好きな色はたとえ「似合わない色」であっても、挑戦することのほうが大切ではないでしょうか。好きな色をいかに自分らしく着こなすかを工夫する方法はたくさんあります。たとえば、顔色（肌色）がくすまないように、メイクの段階で前もって肌色をカバーしておいたりファンデーションの色を明るめに変えるということも可能です。いかにして「好きな色」を魅力的に着こなすか、そのためにはどうしたらいいのかを考えていけば、きっとどんな色とも仲よくなれると思いますし、あなたをステキに見せる色に変えることができると思います。

あご先とバスト中央を
囲んだ部分が
『ハートライン』です

6 おしゃれ上手は色使いがうまい！

やはりファッションに「色」は欠かせない要素です。あなたを引き立てる色が把握できたあとは、それらの色をどのように取り入れるかです。そこで、色を身につけるときの成功の秘訣をお話しします。

〈センスアップの基本〉

①ハートラインにくる色は「顔映り」に影響する

洋服の色が顔に反射するのは「ハートライン」にくる色だけ。この部分に何色がくるかで肌色（顔色）に対して

プラスもしくはマイナスの影響が出ます。（一二二ページのイラスト参照）

プラスに作用すれば、顔色が明るく輝いて見え、若々しい印象になり、マイナスに作用すると、顔色がくすんで見えたり、実年齢よりも老けて見えたりします。

一般的にプラスに働くのは赤・黄・オレンジ・ピンクなどの暖色系で、青・緑・紫などの寒色系はマイナスに働くことが多いので覚えておきましょう。

②「白」は女性を美しく見せてくれる色

白は光を反射する色。雑誌やＴＶなどの女優さんやモデルさんの撮影現場では、肌のタルミ・シミ・シワをカムフラージュするために、白いスチール板や布、紙などを顔の近くに当てて、光の反射を利用し、表情を若々しく生き生きと見せるという工夫をします。

その上、白色は肌の欠点（シワを目立たなくする効果がかなり大きい）がカバーされ、肌をきれいに見せるというマジック効果をもたらします。テレビなどでは女優さんの顔に白いライトをあててシワを隠したりしているのです。

これを応用して、顔の近くに「白」を持ってくると若々しく見せる演出ができます。

ただし、白は膨張色でもあるので「全身を白にする」と太って見えることもあるので注意が必要です。

③自分の肌色に合う、若返り色「ピンク」を探す

ピンクは顔の近くにあるだけで、表情を柔らかくし、若々しく見せることができる女性にとってはとっても魅力的な色。

ただし、肌色に合わせて似合うピンクを見つけることが大切です。

ピンク系の肌色の人は、ショッキングピンクやモーブ（薄紫）などクールイメージのある青味のピンクを、イエロー系の肌色の人は、コーラルピンクやサーモンピンクなど温かみを感じさせる黄味のあるピンクが効果的です。

あなたに似合うピンクを1色探しておくといいと思います。

④全身を3カラーでまとめる

全身（靴まで入れて）を3カラー以内でまとめると誰もが上品でセンスよく見えます。もっと上級者を目指すならバッグなどの小物まで入れて3カラーでまとめてみましょう。

さらに、全体の配色としてはベースカラー70%、サブカラー25%、アクセントカラー5%の配分が最も美しいカラーバランスといわれています。

毎日、出かける前に全身が映る鏡の前でカラーバランスを確認する習慣をつけると、どんどん上達し、磨きがかかってきます。

⑤あまり流行色に惑わされすぎない

流行色が必ずしも似合う色とは限らないということはもう理解できますね。かといって、まったく無視もできないのであれば、流行色の「傾向」だけを少しだけ取り入れるといいでしょう。たとえばアクセサリーやスカーフ、バッグなどの小物で、流行色を加えて試してみることをおすすめします。

流行に振り回されるのではなく、「エッセンス」として少し意識して取り入れる程度が大人のおしゃれだと思います。

7 その下着の色が体型をくずす原因かも……

人間が認識できる色の数は750〜1千万色だとか……。好きな色で性格診断もできますし、色によるヒーリング効果なども実証されています。

その上、最近では色は皮膚からも吸収感知されることが解明され、身体に作用することもわかってきています。

特に下着は肌に密着する時間が長いアイテムですので、その色選びでボディへの影響が変わってきます。

たとえば、ピンクやアプリコット、ピーチなどの色は女性ホルモンの分泌を活性化する働きがあるため身体（ボディライン）を女らしくする働きがあります。

白は太陽光線を透過するので、身体を温め、さらに清める効果があります。風邪を引いたり体調が思わしくないときやちょっと風邪気味かなぁというときには白の下着、白のパジャマ、白のシーツに白の枕カバーなどを用いて予防しましょう。

黒は太陽光線を遮る色なので、下着としてはあまりおすすめできません。セクシーな色ですが、常に身につけ続けると、肌の老化を促進して、ボディラインをタルませる原因となり、体型をくずしてしまいます。

ですから下着の色にも気を配りたいものです。

下着の色が身体にどのように作用するかを表にまとめました。ぜひ下着選びの参考にしてみてください。

若返りの下着	ピンク系（コーラルピンク）
老ける（老化促進）下着	黒
体型が崩れやすい下着	ベージュ（ババ色）、肌色
身体を冷やす下着	ブルー系
身体を温める下着	赤系
体調を整える下着	白
便秘解消の下着	黄色〜クリーム色

次に、色による「健康チェック」をしてみましょう。今あなたが、一番目を引く、気になる色は何色ですか？　その色で簡単な「健康チェック」ができます。

〈カラーによる健康チェック〉

★赤　心臓のほか、循環器系に関係する
血行が悪い、冷え性、貧血気味、活力低下が考えられます。

★黄　脾臓、胃、消化器系、代謝機能に関係する
消化吸収力が低下しているので、食欲不振や胃腸の調子が悪いと考えられます。

★白　肺など呼吸器系や鼻に関係する
風邪の引き始めかもしれませんので気をつけましょう。

★黒　腎臓、膀胱、生殖器に関係する
婦人病などに注意しましょう。

★青　肝臓、胆のう、血液調節、精神面、目の機能に関係する

疲れ目や肩こり、不眠症になっていませんか。

体調に合わせて色を使う

風邪気味のときは『白』

白は自律神経を活発にしてくれる色。光をすべて反射するので、太陽光線に一番近いエネルギーを持った色です。

人間の健康の源は太陽光線。日光を浴びていないとスタミナ不足になります。風邪気味のときは白が大活躍。白いおかゆ、白身魚、白いシーツ、白い枕カバー、白いパジャマ、白い下着などを身の周りに置くようにして、太陽エネルギーをたくさん補給しましょう。

頭痛や炎症には『緑』

緑は植物の色、葉緑素の色、光合成をしてエネルギーを作り出す色です。心を安らかにし、リラックスさせ、安定した休息を与え、細胞を蘇らせてくれます。

このように緑は安息と再生の色。交感神経に作用し、緑をじっと見ているだけで毛細血管が拡張され血液の流れがよくなり、目の疲れを取ったり、頭痛の原因となる緊張もときほぐしてくれます。また、発熱や炎症を鎮める効果があることもわかっています。

低血圧には『赤』

色の中で一番エネルギーが強いのが赤です。生命に欠かせない血液の色でもあります。赤にはさまざまな効果がありますが、中でも血圧や体温を上げる働きは重要です。これは血のめぐりをよくするということで、傷を早く治す効果をもたらします。

低血圧の人は、朝食に赤いランチョンマットを敷いたり、赤いマグカップを使ったり、洗面所に赤い花を飾るなどしてこの赤を活用しましょう。また、生理不順のときにも肉やトマトなどの赤い食べ物は効果的です。

便秘には『黄』

黄色は運動神経を活発にし、筋肉にエネルギーを与える活動的な色です。便秘解消にたいへん効果的。腸の働きがよくなり便通をスムーズにします。便秘気味の方は、トイレグッズを黄色で統一したり工夫してみてください。また、精神集中の色でもあるので、トイレタイムにはその相乗効果も期待できます。

下痢には『寒色系』

暖色が自律神経に働きかけ、腸を活性化するとしたら、寒色はその逆の作用がありますます。下痢で悩んでいる方は、青色系のタイルや便座カバーなどをポイント的に取り入れましょう。

ただ、青でまとめすぎたトイレに長居は禁物です。なぜかというと、青にはもうひとつ体温を下げる効果があるので、足腰を冷やすことになってしまうのです。注意して取り入れましょう。

肩こりには『パステルカラー』

肩こりの原因は、筋肉の緊張や血行不良によることが多いので、まず筋肉をリラックスさせる色がたいへん効果的です。それには淡い色のベージュやパステルトーンの色がおすすめです。

食欲が湧く色と湧かない色

★食欲アップの色の代表は『赤橙』（赤～オレンジ系）

↓内臓の働きを支配している自律神経のうち、副交感神経を刺激するので、胃腸の働きを活発にして食欲を増進させせます。

★食欲を減退させる色の代表は『青』

↓色彩ダイエットとして一番効果的。自律神経のうち、交感神経を刺激して消化吸収の働きを鈍らせます。ですから、唾液も出にくく、消化液も出ず、食欲が湧かないため、空腹感も感じないですみます。無理なく食べる量を減らせるマジックカラーです。食器やランチョンマットを青色にすると食欲をセーブできます。ダイエット食品のパッケージなどにも青系の色がよく利用されています。

このように、色は身体にさまざまな影響を及ぼしますので上手に活用してください。

8 色のパワーを人間関係にフル活用！

色にはヒーリング作用もあります。

たとえば、エネルギー不足で体力的に元気を出したいときには、色の中で最もパワーのある「赤」を取り入れましょう。牛も赤い布を見ると興奮するようですが、人もまた赤を見ると自律神経が刺激されて血圧や脈拍が上昇します。

赤は派手だと思うなら赤の分量で調節しましょう。赤は刺激を感じる色なのでほんの少しの分量でも十分効果があります。

心が疲れているときには、精神性が高くヒーリング効果の高い「紫」を身につけましょう。きっと気持ちが楽になります。

社交的になりたい気分のときは、太陽の恵みを十分に受けた「オレンジ」を取り入れるといいでしょう。陽気さや社交性のアピールにはとても効果的な色です。

また、オレンジ色はサクセスカラーともいわれます。さらに、個性やキャリアを演出する色でもあるので、人前での発表や発言の機会があるときには勇気を与えてくれます。さらに元気を与える色なので、体調の悪い日は気分の悪さをカバーしてくれます。オレンジは精神的ショックの癒し効果も抜群です。

怒りを鎮めたいときには「青」を用います。血圧や呼吸数、脈拍などを鎮静する効果があります。また、熱を冷ます作用もあるので、ハイテンションになったときに落ち着きを取り戻すのに役立ちます。会議などで白熱してしまったときなど、上手に気持ちをコントロールしてくれるでしょう。

「黒」は感情を抑え、不満や怒りを封じ込めてしまう色なので、怒りっぽくなっているときに黒の服を着るのは要注意です。よけいに怒りがもんもんと溜まってしまいます。

「紺色」は昔から賢者の色と言われています。今でも会社訪問や面接などには最適な色です。紺色には「熟考・理知的・自信」という意味があり、自分の意見をしっかり持ち意志が強いことや自己管理能力が優れていることをアピールしてくれます。
紺色の服は、他人の言葉に迷わされない強い心が育つのを助けてくれます。いつも人の言いなりになってしまう人、なかなか自分の意見を言えない人には身につけてほしい色です。ただ、紺色一色では没個性になるので、ポイント的に何かアクセントカラーを上手に加えるとよいでしょう。

初対面の人にいい印象を与えたいときは、断然「ベージュ」です。他人の警戒心を取り除き、どの年代の人からも好感を持たれるという効果がある色です。人の心をなごませて緊張を取り除いてくれる効果が大きいので嫌われない色の代表です。

若返りの色「ピンク」は、内分泌を盛んにする色です。自律神経の一部を刺激して女性ホルモンを活性します。ピンクの中でも特にコーラルピンク（子宮の内膜の色と同じ）は女性を内側から輝かせる効果が抜群。ただし、ピンクは使いすぎると落ち着かず、気分が傲慢になるばかりか、同性からの反感を買いやすくなりますので注意が必要です。

生きる気力を与えるのは、太陽エネルギーの色「黄色」です。中国では昔から最も尊い色、皇帝の色とされてきました。精神力の高さを示すため、知識や技術を習得するときには傍らに黄色を置いておくと能力が上がります。ですから、子ども部屋に上手に取り入れると勉強の能率があがります。

人間関係が上手くいかないときには「調和・バランス・安心」の色、「緑」を活用しましょう。人とのギクシャクした関係を緑色が整えてくれます。また、健康的でフレッシュな印象も与えるので不足しがちなビタミンの補給にもなります。

誰にもかまってほしくないとき、声もかけられたくないとき、会いたくない相手と会わなければならないとき、こんな下降気味な気持ちのときには「グレー」がピッタリ。グレーは「平凡・消極的・私は関わりたくない」という作用をします。余分なエネルギーの発散がなく、控えめでいられます。逆になぜかやけにグレーが目にいくときは、心に何か悩みがある場合が多いようです。

第4章

3ヵ月で予想以上の効果にびっくり
~楽しみながら持続力をつけるレッスン~

1 3ヵ月の壁を破る「証人」を作っておこう

自分創りはあなたの思うように進んでいますか？　頑張ってダイエットして体重が3kg減ったとか、お肌のお手入れをしっかりやって、シミが薄くなったなどある程度自分に変化があらわれて、少しずつ目標に近づいている方もいるはず……。その反面、目の前の壁にぶつかってくじけ始めている方もいることでしょう。

・ダイエットしたけれどうまくいかず、逆に体重が増えてしまった
・シミが薄くなったような気がしない
・ロマンティックイメージを目指したけれど、何かが違うと感じる

こんな人はいったい何が「壁」になってしまったのでしょうか。

ダイエット失敗の原因は、不規則な生活、ストレス、意志の弱さなど、案外自分自身に原因があるかもしれません。

肌のお手入れもいつものなまけグセが出て、途中で中断していませんか？

ここで少し振り返って思い当たる自分の弱さを反省しましょう。

「壁」の中で一番超えるのが難しいのは、自分にこれといった原因が見当たらない場合です。イメージした自分になれなかったというのは、きっとこのケースに当てはまりますね。

ではいったい、どこがいけなかったのでしょうか。

たとえば自分では「優しくソフトな感じの女性」を目指したのに、なかなかそうならず、やっぱり仕事がバリバリできる近寄りがたい女性に見られてしまう。もっと個性的になりたいのにどうしても無難で普通っぽい感じになってしまう。

それはきっと、あなたがなりたいイメージと、あなたの周りの人たちが感じているあなたのイメージに大きなギャップがあるからではないでしょうか。

第3章で「イメージチェック」をしましたが、自分の思い込みだけで終わらせるのではなく、そんなときこそ、一度、周りの友だちや同僚などにも協力してもらって「あなたのイメージチェック」をしてもらうといいと思います。

自分自身では気がつかなかった「第三者が見たあなたの印象」を客観的に知ることができるでしょう。

そしてそれらの意見も参考にして、いきなりガラリとイメージを変えようとせず、少しだけイメージの方向性を変えてみたり、ちょっとだけ冒険をしてみるなど、自分をステキに見せる「プチ変身」として手軽な方法をいくつか試してみるといいかもしれません。

たとえば周りに誰か具体的な目標になる人を探してみましょう。

憧れのモデルや女優さん、ステキな先輩などでいいと思います。そしてその人をよく観察してみるのです（ファッション、メイク、立ち居振る舞い、言葉遣い、しぐさなど）。なぜその人がステキに見えるのかを分析して、とりあえず徹底的にマネしてみます。マネをしている間に不思議と自分の一部になっていきますから、恥ずかしがらずに挑戦あるのみです。これが自分のイメージを変えるとき一番手っ取り早い方法です。


では3ヵ月への挑戦です。基本は1ヵ月間やったことの繰り返しですが、3ヵ月というのはきれいになるための再生サイクルに最も適していますから、ここで、さらにしっかりとプランを立ててきちんと実行すれば必ず結果は出ます。

3ヵ月あれば、かなり自覚できる変身が可能ですが、あまりにも普段から身近にいる人たちは少しずつ変わっていくあなたの微妙な変化に気づかないかもしれません。

そこでちょっとした提案。

3ヵ月プランを実行する前に、誰かひとり、心の中で「証人」を作っておきましょう。

「あなたが私の証人よ」と相手にわざわざ頼む必要はありません。ただ、3ヵ月後に黙ってその人に会えばいいのです。

たとえば1年ぐらい会っていなかった人に突然会ってみるのもいいかもしれません。その人から「あなた変わったわね」「きれいになったね」と言われれば、変身プランは大成功。そう言われるためにも頑張りましょう。

そこで、3ヵ月後の自分の変化をさらに楽しむために、これから提案するいくつかの「プラスアルファビューティプラン」を何かひとつ実行してみてください。

あなたの内側からさらに磨きがかかり、輝きが増すことをお約束します。

2 シーズン別のスキンケア知識に強くなる

お肌のお手入れを3ヵ月しっかりやりましょうといっても、それを開始する季節によってスキンケアのポイントや方法が違います。

ここでは季節別のお手入れの方法をご紹介します。あなたがこれから挑戦する「3ヵ月」

がどの季節に当てはまるかで、気をつけるポイントが違うのでぜひ参考にしてみてください。

［春］　3月〜5月

風が強い、花粉が多い、皮脂量が増える、角質が厚くなる、肌水分が減少するなど「1年で最も肌トラブルが多い」シーズン。

〈対策〉

★洗顔の徹底

↓春は肌表面がさまざまな原因で汚れやすくなっています。常に丁寧な洗顔を心がけ、肌トラブルを未然に防ぎましょう。オイル洗顔は毛穴の汚れまで完璧に取れるので特におすすめです。

★角質除去

↓冬を越した肌表面には余分な角質が積み重なったままになっています。肌を触ってザラザラする、硬く感じる人は、肌表面をなめらかにするピールオフ（はがす）タイプやピーリング（つぶ入り）タイプのパックが効果的。

★デリケート肌対策
↓春の肌は非常に敏感な状態になっていて、肌機能が弱まっています。使用化粧品を変えるだけでも刺激になる場合があるので注意しましょう。
★水分補給
↓肌の水分量が減少するので、徹底してローションで水分補給を心がけましょう。コットンを使用して肌表面が冷たくなるまでしっかりとパッティング塗布します。
★ＵＶ対策（紫外線量が一番多いのが五月）
↓初夏にあたる5月～6月は紫外線量が一気に増加します。ファンデーションもＵＶ対策のできるものに切り替えるといいでしょう。

［夏］　6月～8月

紫外線が最も強く、冷房による肌の乾燥が深刻、日焼けのシーズン。
「美白」のお手入れを取り入れるとよいでしょう。

〈対策〉

★UV対策の徹底

↓レジャーのときだけでなく、日常生活で浴びる「生活紫外線」に対してもしっかりと防御できるSPF値の高い化粧品選びをするようにしましょう。

★水分徹底補給

↓夏こそ深刻な「水分不足状態」になってきます。1日の大半を冷房のきいた部屋で過ごす方は、「保湿の高い冬用ローション」を使って不足になりがちな水分をしっかりと肌にキープするのも効果的です。

★肌ストレス解放（パック）

↓紫外線の影響で肌の疲れもピークに……。週に1回は、お好きなパックで肌を休めてあげましょう。せっかくなら美白パックなどが最適です。

★肌のホテリを鎮める

↓気温が上昇すると、肌表面にホテリがこもります。ホテリは肌の乾燥を引き起こす原因に。その日の肌のホテリは夜のお手入れで鎮めるという習慣をつけましょう。それにはローションを冷蔵庫で冷やして使うと効果的です。

★美白ケア重視

↓とにかく「美白」は徹底して行います。毎年いろいろな美白商品が発売されるので挑戦してみるのもいいでしょう。中でも「美容液」は美白成分にこだわって選んでみることをおすすめします。

[秋]　9月～11月

気温の低下、空気の乾燥、水分&皮脂量低下、新陳代謝力が減少していく。しかし肌にとっては1年に1回の「ゴールデンシーズン」です。この時期は肌の「栄養吸収能力」がアップして大変よい状態になるので、徹底してお手入れをすると期待以上の効果が出ます。

〈対策〉

★美白ケア徹底

↓夏が終わると「シミ」が目立ってきます。美白ケアは秋も引き続き必要です。ここでお手入れしないと、来年までシミを持ち越してしまいます。

★肌の集中トリートメント（パック）

↓秋はパック重点月間。週に2～3回のペースで肌のトリートメントをしましょう。パックは栄養補給、汚れ除去、肌の疲れ解消の3つの効果が効率よくできるスペシャルなお手入れです。

★美容液

↓高価な美容液には高価で貴重な成分がギュッと詰まっています。秋の肌は栄養をぐんぐんと吸い込んでいく状態なので、この季節こそ、少しゴージャスなエッセンスを使ってみましょう。

★角質肥厚を防ぐ

↓肌も少しずつ「冬仕度」を始める季節。徐々に肌表面の角質層が厚くなり、冬の肌に変化していきます。ときどきマッサージをして、肌表面を常に柔らかく保っておくと、肌もよい状態で冬を迎えられます。

★乾燥対策

↓乳液やクリームなど、少し「脂分」をサポートしてくれるアイテムをお手入れに加えます。ベタつかずしっとりする使用感のものを選択しましょう。

［冬］　12月〜2月

極度の乾燥、新陳代謝の低下、血流ダウン、角質肥厚、くすみが発生する。
肌機能も「冬眠状態」に入るシーズン。

〈対策〉

★肌のエクササイズ徹底（運動）

↓肌機能が極端に低下するので、新陳代謝も鈍くなります。積極的にマッサージをして肌に活力を与えるようにします（第1章で紹介した、リサイクルパックが効果的）。

★保湿強化

↓どんな肌質の方も、この冬の時期だけはクリームの使用をおすすめします。最近はいろいろな高機能クリームが出ているので、使用感や成分などをしっかりチェックして、自分の肌に合った一品を探しましょう。

★皮脂膜機能の低下

↓皮脂膜は、肌表面に見えない透明のラップをかけ、肌を外部のさまざまな刺激から守る役割をする大切な機能を持っていますが、冬はその役割が十分に果たせなくなるくらい、皮脂膜形成機能が低下します。その代役を務め肌を守ってくれるのが「乳液」です。冬はぜひお手入れに加えてください。

3 あなたのシワは不幸ジワ？　幸福ジワ？

3ヵ月かけて徹底的にやりたいお手入れのひとつに【シワ】対策があります。

毎日ちゃんとお手入れしているつもりでも、いつのまにかシワができちゃったと嘆いている方も多いのではないでしょうか。

よく、縦にできるシワは表情が暗く見えるので不幸の縦ジワ、横にできる笑いジワなどは幸福の横ジワと言われます。でも、あまり目立つシワは、たとえ幸福の横ジワと言われても、ないほうがいいですね。


シワには大きく分けて2つのタイプがあります。

☆加齢とともに増える真皮性のシワ

これは年齢とともに肌内部の組織が壊れたり、変形したりしてできる深刻なシワ。コラーゲンやエラスチンの減少も関係するので、最近では美容整形で、直接これらの成分を外から注入する方法で改善させたりします。

シワの原因がかなり肌の奥深くにあるので、一度できてしまうと実際はなかなか化粧品だけでは劇的な改善が難しい本格的なシワです。

☆肌表面にできる表皮性の乾燥ジワ

もうひとつが毎日の肌水分量の微妙な変化で簡単に生まれる乾燥ジワ。年齢に関係なく、油断をするとすぐにできる比較的浅いシワです。肌表面の角質層の水分量が極端に低下するのが原因。皮膚表面にヨレが生じて「シワの赤ちゃん」となってあらわれます。

シワ対策の第一歩は、第2章でも提案した「早期発見」です。そのために「フェイススケッチ」の方法をお話ししました。

いきなり朝起きたら「大ジワだらけ」ということは絶対にありません。くっきりした大ジワになる前には必ず小ジワの段階がありますし、その前には小さなチリメンジワができていたはず。

そしてその前の本当の意味でのシワの赤ちゃん「放射線状のシワ」だって存在していた

はずです。ただ、その変化や存在を見過ごしてきただけなのです。

では「フェイススケッチの上級編」です。
以前お話ししたときは、とりあえずじっくりと自分の顔を観察して、肌の状態や悩みを書き込むという簡単な方法を紹介しました。そのときのイラストが残っていればもう一度見直してみましょう。
今回の方法は少し違います。あなたの肌機能にどれくらい「元に戻る力」が残っているかを判断します。この「元に戻る力」こそ「肌力」なのです。年々この力が低下するから肌は老化していくのです。

チェック方法は簡単です。

①まず、入浴前(できればメイクを落とす前)に自分の顔を鏡で見て「フェイススケッチ」します。ファンデーションを塗った肌は、特にシワがどこに入っているかを見るには最適。ファンデーションがヨレている部分はシワになりかけている証拠。また、線が入っている部分はすでに大ジワになっているかもしれません。しっかりと細かい部分までス

〈フェイススケッチ上級編〉

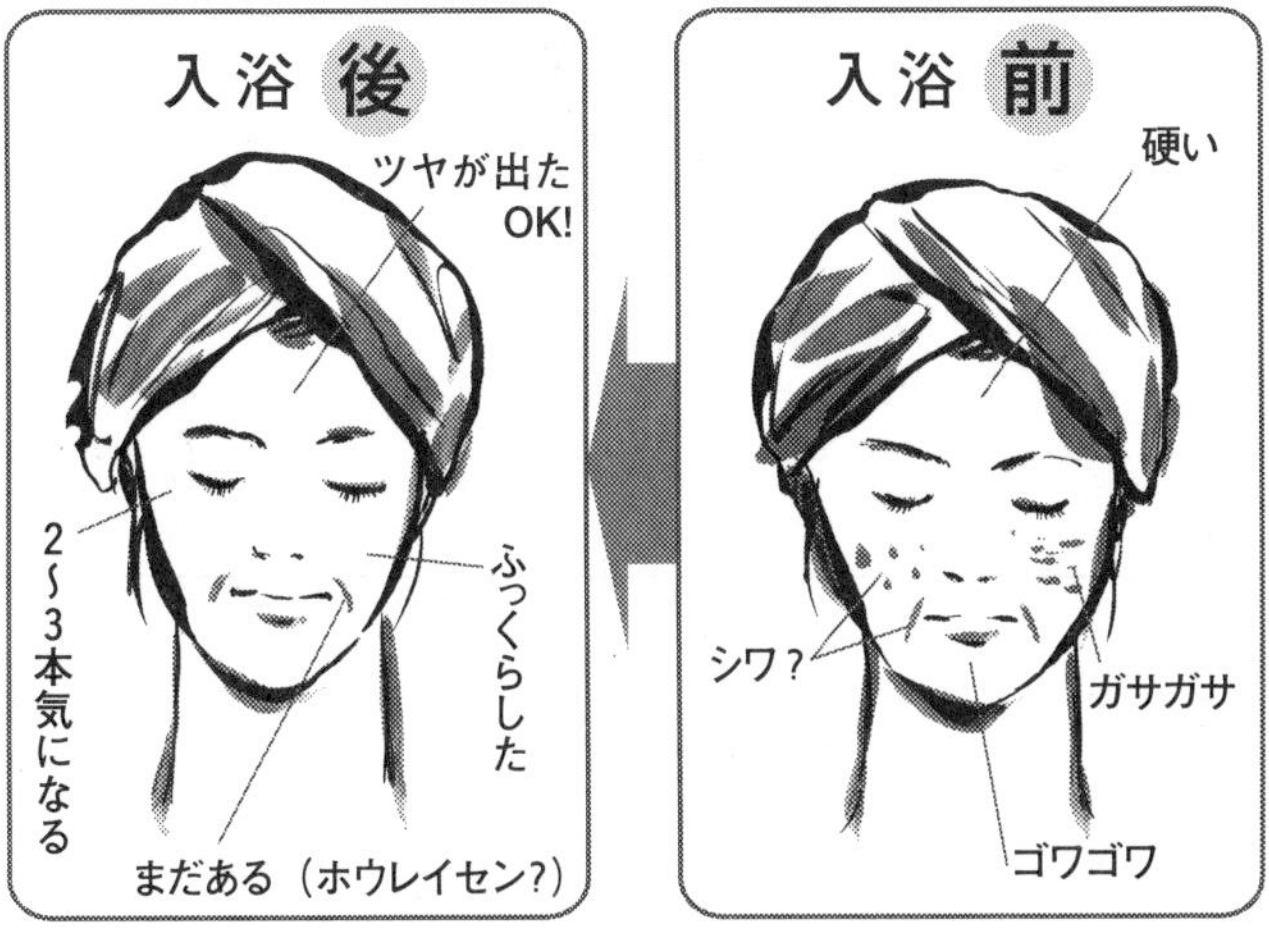

ケッチしましょう。

②そして、入浴後（洗顔後）すぐの肌状態をスケッチします。お風呂上がりの肌は水分がゆきわたって、ふわふわプルプルの本当にいい状態になっているはずです。

そして①で書き込んだシワの中から消えているシワを見つけるのです。それがチリメンジワ。チリメンジワは「極度の乾燥」が起こって出た肌のSOSなので、お風呂に入って潤いが満たされると消えるのです。

もちろん、赤ちゃんジワも同様。このように、お風呂上がりになくなるシワは、比較的浅いシワなので、その位置がわかったら、毎日徹底して「保湿」のお手入れを繰り返せば、比較的改善は容易です。

しかし、それもせず放っておけば、以前お話したように、やがてチリメンジワが小ジワに成長し、そして大ジワにと、どんどん育っていきます。毎日でなくてもいいので、せめて季節の変わり目などに習慣づけてこの「フェイススケッチ」をすると、シワの早期発見ができ、未然にシワを防ぐことができます。

4 基本の7色を自由自在に操るテクニック

それでは、実際に『色』をどのように使えばいいか見ていきましょう。

色の基本は　赤・橙・黄・緑・青・紫　の6色。これは虹の色です。

日本では虹は7色と表現しますが、藍色という色は波長の関係で、色彩学の本場「イギリス」では目で確認しにくいことから「虹は6色」と表現されています。

そしてその6色に、女性にとって欠かせない色「ピンク」を加えた7色をまずは基本色としてマスターするといいと思います。

赤……自己主張を表現する「赤」

情熱的でエネルギッシュな赤は、人の大脳を刺激して興奮させる色。自分の意志をはっきり伝えたいときなどにエネルギーを与えてくれるので効果的。ここぞというときに赤を着ることで自分に自信が持てます。

ただし、好き嫌いの激しい色でもあり、攻撃的・対立・怒りを表現しやすいイメージも持っているため、初対面の人に会うときなどに全身「赤」を着ると、それだけで相手に攻撃的な印象を与えることにもなるので気をつけましょう。

赤が好きな人は、活動的で決断力の優れた人が多いと言われます。

★メイクポイント

口紅は洋服の「赤」に合わせて「赤系」を使いましょう。トーンは洋服に合わせて、ソフトにしたり、ビビッドにしたりして変化させます。ツヤを添えると上品さがプラスされます。

アイカラーなどの色に凝るより、ライン重視（アイライン、アイブロウなど）のすっきりしたメイクが合います。

橙……社交的で親しみやすい「オレンジ」

情熱の赤と元気色の黄色を混ぜて生まれるオレンジは、人の注目を集め、親しみやすさを感じさせる色の代表。また、食欲増進色としても知られています。ただ、フレンドリーなイメージが強いため、あまり高級感は演出できません。

色としてのインパクトが強く、ときには少し騒々しい印象を与えてしまうことも。

また、ほとんどの女性がオレンジ色の洋服を身につけるとおしゃべりになるというデータがあるそうです。自分から話しかけたくなるという効果が、色からもたらされるためだと言われています。この作用を利用して、普段なかなか話をしにくい相手や苦手な人と会うときなどにオレンジの洋服を着ていくことで、自分から話をする気持ちを高め、人間関係の潤滑油になるでしょう。

★メイクポイント

オレンジの洋服には同色の「オレンジ系」の口紅がベスト。また、レッド系や赤みの入ったブラウン系も相性がいい。アンバランスになりやすい色は「ローズ系」。メイクは、はつらつとした雰囲気の健康的なナチュラルメイクに。

黄……人を引きつける魅力のある「黄」

中国では皇帝のシンボルカラーとされる黄色。レモンやひまわりから連想されるように、明るく元気なイメージを持っています。また、信号や道路標識などにも使われているように、とても目立つ色なので、人の注意を引きつける力を持った色。

これを利用して、自分に視線を集めたいときなどに黄色の洋服は効果的。黄色を着ているだけで自然に自分に注目が集まります。

さらに、精神（神経）を集中させる力を持っているので、たとえば子どもの勉強部屋などに上手に黄色を配すると勉強の効率アップが図れます。

黄色を好む人には、好奇心旺盛で頭の回転の速い人が多いと言われます。

★メイクポイント
口紅は「オレンジ～レッド系」で合わせましょう。ローズ系はバランスが取りにくいので避けたほうが無難。あまり飾らない若々しいメイクが合います。

緑……安心感とやすらぎを与える「緑」

平和・調和・安全・協調というイメージを伝える象徴の緑。疲れを癒し、心身ともにリラックスさせる色です。イライラやストレスを鎮め、解消してくれます。

安心や安全というメッセージは、信号機や標識に用いられたり、親しみやすさという点では「みどりの窓口」として使われています。また、目が疲れたときなどには、樹木などの緑を見ることで目の疲れが癒されることもよく知られています。

緑は人に安らぎを与えるので、穏やかに話し合いを進めたいときなどに、緑の洋服は効果的です。ベッドルームのインテリアにもうってつけの色でしょう。

緑を好む人は、穏和で変化を嫌う平和主義者が多いと言われます。

★メイクポイント

緑色の洋服を着ると、顔の赤みが奪われ顔色が悪く見えます。口紅は補色の「赤色系」がベストバランスです。顔色を明るく演出するために、ファンデーションの前段階であるコントロールカラーでしっかりと透明感を出しておきましょう。

チークは表情が若々しくイキイキと見えるように入れます。

青……上品さを演出し、疲れを鎮める「青」

青はイギリス王室のシンボルカラー。特にダイアナ妃が愛した色として有名な「ロイヤルブルー」は高貴で位の高さを示す色の代表にもなっています。

清潔・涼しさ・寂しさ・誠実・知性などさまざまな印象を与える色。冷静で落ち着いたイメージも演出します。また、疲れたときや寝つけない夜に「青」は鎮静効果を発揮してくれます。洋服として取り入れると、見る人を冷静にする力があるので、オフィスのスーツなどには最適。会議のときなどに用いるといいでしょう。

また、食欲減退色として使われることもありダイエットに利用できる色です。

青を好む人は、感情に流されずマジメで誠実な人が多いと言われます。ただ、時としてクールで現実的な面が表に出るため、人によってはそれを二面性としてとらえてしまう場合もあるので注意しましょう。

★メイクポイント

緑色と同様に「青色」の洋服を着ると顔色が悪く見えます。やはり、顔の赤みを奪ってしまうためです。「ヌード系」の口紅はタブー。顔色の悪さを強調してしまい病人のように見せてしまいます。
ベストカラーは顔色のよく見える「コーラル・朱赤・ローズピンク・真紅」など。メイクは全体的に涼しさやクールさをアピールすると、イメージアップにつながります。

紫……男女で印象が異なる神秘的な印象の「紫」

日本では古くから高貴な色とされてきた色。また、クレオパトラが愛した色としても有名です。優雅さ、上品さ、華やかさを象徴し、個性的で神秘的なイメージを与えます。ただ、インパクトの強い色だけに上手に使わないと失敗しやすいので注意も必要。
また男性と女性では受ける印象がまったく逆になる色でもあります。男性から見ると女性らしさ、色気を感じやすく、反対に女性から見ると下品で派手に感じるという比率が高くなります。ですから洋服として取り入れる場合には、このあたりを十分考慮して相手に合わせて利用すると効果的。

★メイクポイント
顔色が悪く見える色なので、メイク全体で明るさを出すように工夫します。紫は赤に近い紫から、青に近い紫まで幅がありますので、洋服の紫色に合わせて口紅は「ローズ系、レッド系、オレンジレッド系」でバランスを取りマットにならないようにグロスを添えましょう。

チークや口紅は普段よりもやや強めに入れてもだいじょうぶです。全体的に大人っぽいイメージを作るのがポイント。

ピンク……人の心を優しく包み、若返りを実現する「ピンク」

女性にとって欠かせない、美容的にも重要な色がピンク。ずばり「若返りの色」です。人に安らぎを与え、女性ホルモンの分泌を促します。優しく穏和で柔らかいイメージを与えるため、初対面の相手と会うときなどに相手に好印象を与えます。

さらに愛らしさ、ソフトさを与え、相手を幸せな気分に演出する力があります。

中でも特に『コーラルピンク』という色は、女性の子宮内壁の色で人は生まれてくる前の約10ヵ月間をこのコーラルピンクという色に守られ、羊水の中、安心感とともに安全に過ごしてきた記憶を持っているので、この色に包まれたときには誰もが大きな安らぎと落ち着きを感じるそうです。

ピンクという色を見ると人は優しい気持ちになり攻撃性が失われると言います。つまりピンクを見て怒り出す人はいないということです。

また、女性生殖腺を刺激し、肌や髪の毛の再生能力を高め、美しさを導き出す色なので「若返りの色」と言われます。

この効果を応用しているのが「エステティックサロン」。内装やインテリアにピンクが多用されていることが多いですね。それをアレンジして、たとえば自宅のドレッサー周りにピンクの小物を置いたりすると、目から入る情報で若返り効果を期待できるかもしれません。

★メイクポイント

もともと顔色をきれいに引き立てる色なので、唯一ノーメイクでも肌をきれいに見せることが可能。口紅は「ピンク系」でコーディネイトするとソフトな印象を崩さずに効果的。ふんわりとした軽いメイクが合います。

5 趣味があるってとっても楽しい！

「あなたの趣味は何ですか？」と聞かれて、すぐに答えられますか。

私も以前は仕事に追われ、趣味らしい趣味を持っていませんでした。

運動不足にならないようにジムに通ったこともありますが、本当にスポーツが好きなわけではないので結局、長続きしませんでした。強いて言えば、読書が趣味というところでしょうか。

本は昔から大好きで、どんなジャンルでもかなり幅広く読むほうです。仕事へ行くときも鞄の中に必ず１冊は本を入れていきます。ですから私の場合、読書に関しては「趣味」を通り越して、中毒なのかもしれません。

そんな私が少し前から、「ステンドグラス」を習い始めました。

色鮮やかなステンドグラスには以前から大変興味があって、自分でアールヌーボー調のスタンドが創れたらいいなと密かに思っていたのですが、なかなか曜日や時間が合わず実現できずにいたのです。

ある日、何げなくタウン誌を眺めていたら、私の家の近くにステンドグラス教室があることを知り、ようやく念願のステンドグラスを始めることになったのです。

ステンドグラスを作るには、さまざまな色のガラスを特殊なカッターで切り、それらを組み合わせてハンダづけして形にしていきます。教室は1回2時間で、初めのうちはガラスをカットする練習、ハンダづけの練習など基礎的な作業を覚えます。

決して不器用ではないのですが、当然初めはなかなかうまくいきませんでした。

それでも回数を重ねるうちに、だんだん上手になりスムーズに作業が進むようになって、初めての作品ができあがっていたのです。これは感動でした。「無」の状態から自分の力で「形」が生まれるという喜びにすっかりはまってしまいました。

まだまだ作品はいくつもないのですが、ステンドグラスと向き合っていると、ついつい夢中になって2時間という時間があっという間に過ぎていきます。いつしかステンドグラス教室は、私にとって仕事や日常のゴタゴタから解放され、何もかもを忘れられる貴重な時間になっていました。

何かに集中できる「無」の状態の時間を持てるのはステキなことだと思います。きっとこれが「趣味」を持つことの本当の醍醐味なのではないでしょうか。

仕事が好きで仕事が趣味と言う人も多いようですが、ひとつだけでも違う世界を持っていれば、それだけで交友関係も広がり、何よりも自分に余裕が出てきます。

３ヵ月という区切りがあれば、ぜひこの機会に、週１回の習い事でも始めてみてはいかがでしょうか。きっと十分成果の出るものもあるはずです。

私のように、昔から一度トライしてみたかったことがある方は、ぜひチャレンジしてみましょう。

長続きするか不安なときは、教室見学したり、１回だけのお試し講習や無料体験講習などに行ってみるのもいいと思います。また、高い受講料を払わなくても、地方自治体の広報誌などに載っている教室を利用したり、その気になって探せばあなたにぴったりのカルチャースクールがきっと見つかると思います。

また「趣味」と「美しさ」を結びつけて挑戦するという方法でもいいですね。３ヵ月あれば本格的にメイクアップ教室に通って、自分に似合うメイクを習うというのもおすすめです。

私も普段、一般女性のメイクセミナーは３ヵ月クールで開催しています。みなさん、本当に真剣に鏡の中の自分の顔と向き合っておられます。

「音楽」がやりたいという方には、大人のための音楽教室というのもあります。

「ものを創りたい」という方には「フラワーアレンジメント」や「彫金」「陶芸」「絵画」「ビーズアクセサリー」など流行りの教室が続々と誕生しているようです。

「着物の着付け」も3ヵ月もあればずいぶん身につく技術ですし、どうせなら趣味と実益を兼ねて語学や資格に挑戦するのもいいと思います。


とにかくせっかくの3ヵ月の挑戦なのでこれを有効に利用して、何か新しいことを始めてみると生活の流れが変わると思います。

いつものように「また今度にしよう」ではなく、「えいっ!」とかけ声をかけて、やりたいことに挑んでみないと何も始まりません。

自分を見つめ直して、やりたいこと、やれることから何かひとつ趣味（夢中になれること）を持つことをお勧めします。自分だけの世界を持っていること、何も考えないでいい時間があるということは、大人になればなるほど貴重なものです。

今の私にとって、ステンドグラスがもたらしてくれた喜びは、人生に潤いができたという実感につながっています。この本が店頭に並ぶ頃には、今取り組んでいる少し大きな私の作品（今、50㎝四方のステンドグラスのパネル絵を作っているのです。これが想像以上に大変なんです）がまたひとつ増えていると思います。

好きなことがあれば、人は輝いて見えるもの。長い目で見れば、美容にもきっとかなり効果がありますよ。

6 世の中の動きを速やかにキャッチする

魅力的な女性は頭の回転が速いものです。

それはある意味、頭がいいということですが、もっと砕いて言うと、よく気がつく、人に親切、対応が早い、そして自分をよく知っていることだと思います。

自分をよく知っているということは、自分がどんなメイクやファッションが似合うか、自分がどういう性格かをわかっている人のこと。

さらに、他人に対してよい印象を与えることができる人はとても魅力的です。

たとえば、年上の人に対して、同年代の人に対して、年下の人に対してというように、相手に合わせてきちんとした対応がスマートにできる人は本当にステキですね。

私たちは常にさまざまな年代の人と接します。

できれば、その人たちと円滑にお付き合いをしていきたいと願っていることでしょう。そのためには、まず自分がしっかりとした知識を持っていることが望ましいでしょう。知識は持っているだけでも、自分に安心感を与えてくれます。

ですが、ご存知のように、知識だけでは決して十分ではありません。

やはり知識を活かせる力＝「知恵」が必要となります。しかし、こればかりは習うだけでは身につきません。見よう見まねで覚えたり、自分で挑戦して失敗を何度も繰り返し、やっと身についてくるものです。

私は、人生の中で「知恵」はその人の財産だと思います。私が知る限り、私の周りにいる「知恵の働く人」は、人にも優しくできる上、人を思いやることが自然にできるように思います。そして、ピンチをチャンスに変えることができるのです。

でも「知恵を働かせましょう」と言葉で言うのは簡単ですが、実際にはなかなか難しいものです。そこで、まず最初の段階「知恵の土台づくり」として、3ヵ月間、徹底して

「知識の収集」をしてみましょう。

知識を集める手段としては、新聞、TV、雑誌、本、インターネットなどをチェックする方法がありますが、家族や友人との会話や人のうわさ話など、ちょっとした会話の端々にも気を配るようにすると効果的です。

最初にもお話ししましたが、知恵は豊富な知識の上にこそ成り立ち芽生える、人間の「財産」だと思います。

情報のアンテナをいっぱいに広げて、美容院でも病院でもショッピングセンターでも、生活の至る所から貪欲に「知識の吸収」をしてください。

世の中の動きや流行に敏感になることが、ステキな女性へのさらなる一歩です。

7 いつもと違う本を読んでみよう

さてみなさんの中にも、いろいろなジャンルの本を読んでみたいのに、どれを選んで読んだらいいのかがわからないという人がいるかもしれません。

ではここで、西尾流【本の選び方】を紹介します。

方法1）衝動買いをする前に、まず店頭でパラパラと内容を見ます。私の場合は必ず「目次」を拾い読みします。私の経験上、目次を見て興味が湧く本は、まず間違いなく内容もおもしろいのです。

方法2）本の巻末に印刷された「○年○月○日　第○刷発行」の部分を見てみます。初版だけの本なのか、何度も増版されている本なのかで、ある程度その本が話題性のある本なのかがわかります。人気のある本は、短い期間で何度も増刷されているので参考にしています。

方法3）好きな作家や、エッセイストの本を読んでいると、その本の中で違う作家の作品が紹介されていたり、内容の一部を引用して書かれたものに出逢います。そのとき興味が湧いたら必ずメモを取っておきます。この方法は、自然と身についた効率のよい本の探し方で、必ず共感できる本にピンポイントで辿りつける方法です。

方法４）最近の本屋さんには「わかりやすい本のおすすめトーク」があちこちにディスプレイされています。とても短い言葉やかわいい文字で書かれているので結構読んでいます。これも本を選ぶとき、かなり参考になります。その宣伝トークで「ついつい買ってしまう」のです。私はすっかりお店の作戦にはまっているのでしょうか（笑）。

次に、いつもと違うジャンルに挑戦するための工夫をいろいろと集めてみました。よかったら気分転換にチャレンジしてみてください。

- いつも同じ本屋さんに行く人は、たまにはあえて普段は行かない大型書店に行ってみる。見慣れた配置と違うだけで、新鮮な気分で本選びができます。
- 新聞に連載されている小説を読んでみる。新聞という媒体の特徴からか、広く一般ピープルに受け入れられるように、わりと正統的におもしろく書かれたものが多いので、まったく初めての作者の作品でもその魅力を見つけやすいと思います。その小説がおもしろいと思ったら、同じ作者のほかの作品を読んでみるといいと思います。

●最近読んだ本に折り込まれた、その出版社の「近刊紹介」リーフレットから探してみる。たとえジャンルが違っていても、出版社が同じというだけで、馴染みやすいから不思議なものです。私はこの方法をよく使います。

●普段「フィクション」好きの人は、あえて「ノンフィクション」ものに挑戦してみる。なぜか敷居が高く感じて、なかなか手が出せないことが多いようですが、気軽に読めるテーマも多いので、本の帯に書かれた紹介文などを参考にして、少しでも興味のあるテーマを探してみると案外読めると思います。

●なるべくチェーン店系でない古本屋に出向き、最も値引きされている棚やワゴンから新し目の本を選んでみる。この方法は、少し前に広く書店に置かれ、宣伝されていた本に出逢えるチャンスになります。今は本も、新陳代謝が激しいので、一般の本屋に在庫がなくなった本は、こんな形で見つけることが可能です。

●ときには「児童書コーナー」を見てみるのも面白いと思います。「子ども向け」の本といっても、最近はワンパターンではないので結構内容が充実しています。また子どもの頃に読んだ本を大人になった今、読み返してみるのもいいものです。違った部分で感動したり、子どもの頃の気持ちが蘇ってくるかもしれません。案外、ずっと勘違いして覚えていた物語などに気がついて目からウロコだったりして。

最後に大切なポイントをひとつ。

いつもと違うジャンルの本を読んで仮に期待はずれでがっかりしても、それだけで「やっぱりこのジャンルはダメだ」と決めてつけてしまわないことです。

「もう1冊チャレンジ！」の精神が大切なのは、読書も同じです。何度も失敗と成功を繰り返しているうちに、私のように自分なりの【本の選び方】が身についてくると思います。

さて3ヵ月でどんなステキな本に出逢えるでしょうか？　楽しみですね。

8 食事の意識改革「魚の日・肉の日・鳥の日」を決める

何をするにも健康第一。そのためには、まず食事です。

食事の摂り方次第で、体調も体型も美肌も維持できるのです。この3ヵ月挑戦では、食事についても少し見直してみましょう。

まず、できる限り「インスタント食品」や「ファーストフード」「コンビニ弁当」「カップラーメン」などを、意識して生活から排除しましょう。

一人暮らしだったり、家族みんなが忙しかったりすると、どうしても食事を簡単にすませてしまいたくなるものです。

しかし便利な食事には必ず弊害があるのです。例をひとつ紹介しましょう。

コンビニのサラダはなぜ時間が経っても、あんなにいつまでもみずみずしく、新鮮な色を保っていられるのでしょうか。家でサラダを作ろうとレタスやキュウリを切ってしばらく放置しておくと、すぐに茶色く変色してしまいますよね。

コンビニサラダが長時間変色しないのには、それなりの「加工」がしてあるからなのです。もちろん、身体にすぐに影響が出るほど悪いものを食品に使うことはないと思いますが、いわゆる「食品添加物」と言われるものは体内に蓄積されていくと、なんらかの疾患を引き起こす遠因になるとも言われています。

そう思って「加工食品」の表示を見ていくと、やっぱり少し考えさせられてしまうのは私だけではないはずです。

ですから、私はできるだけ「添加物の使用されていない」自然なものを買ってきて、自分で料理するようにしています。自然食品はどうしても一般の食品に比べると若干割高ですが、長い目で見れば、健康を害してしまうものよりいいのではと思っています。

生きていくために大切な食事。口に入れるものは自己責任。自分で選ぶことができる行為だからこそ、しっかり考えていきたいと思います。

食事に関して、私はこんな工夫もしています。

それは１週間のうちに「魚の日、肉の日、鳥の日」を意識的に設定するということです。通常、食事のメニューを決めるとき、メインディッシュはこの３種類のうちどれかになることが多いですから、それをバランスよく配置するだけで食事のバランスが取れます。

私の場合、最近は「魚の日が週３日」「肉の日が週２日」「鳥の日が週２日」にしています。

こうすると肉ばかり食べる日が無意識に続いてカロリーオーバーになってしまったというような失敗もしなくなりますし、何よりいいのは「今日は何を食べようかな」と考えるとき「今日は魚の日だったな」と決まっていれば、お昼は「焼き魚定食」にしようとか、夜、友人と食事をする予定だった場合も「何食べる？」「どこに行く？」と悩まずに「今日はお刺身が食べたいから居酒屋にしようよ」と提案できますよね。

この「魚・肉・鳥の日を決める」というアイデアは簡単で効率がいいので絶対におすすめです。ダイエット中の方なら断然「肉の日を週1日以内」でおさえるべきですよね。

食生活はこうやって、自分で楽しくプランニングして取り組んでいます。

第5章

あなたの「美スタイル」を続けるために……

～プラスアルファのビューティーレッスン～

1 「美スタイル」をささえる雑学情報

さあ、いよいよ最終章です。ここまで本当にお疲れさまでした。目標を持って何かを成し遂げた達成感を少しでも感じていただけたのであればうれしいです。

大人になってしまうと、常に毎日が時間との闘い。日々の生活に追われるばかりで、何かを継続したり、新しいことに挑戦したり、気持ちを切り替えたりする機会がなくなります。そこで今回はあえて「自分創り」にチャレンジする楽しさをお伝えしてきたのですがいかがでしたか？

普段の単調だった生活に、ほんの少しでも「風穴」が開いて、心地よい新しい風が入るお手伝いになったのであればいいのですが……。

このあとは、これまで紹介したいろいろなエッセンスの中から、あなたにとってプラスになることだけでもチョイスして、「自分創り」を続けてみてください。

ではここからは、私の人生経験の中から得た「雑学的情報」を、ご紹介します。

私が講演の中で話している内容から、知っておくと便利だと思うこと、情報として役立ちそうなことを抜粋しました。気軽にお読みください。

①「色遊び」しながら人間関係をスムーズに

これまでも色の話をしてきましたが、もう少し踏み込んで人間関係を円滑にする「色彩心理学」に少しだけ触れたいと思います。

ここに10色の色があります。

「赤・ピンク・黄・緑・青・紫・オレンジ・茶・白・黒」

それぞれの色の横に、その色でイメージするあなたが知っている身近な人の名前を書き出してみてください。男女どちらでも構いません。その色からイメージする一番ぴったりの人を書いてください。

これらの色はさまざまなメッセージを秘めています。

そこにどんな「心理」が隠されているのかがわかるので楽しみながら挑戦してみましょう。今現在のあなたの気持ちがそこに映し出されます。

◆赤のイメージの相手は？

赤はエネルギーを示す色。赤に書かれた相手は、今あなたがエネルギーを向けるべきターゲット。大好きか大嫌いかのどちらかです。あなたは今、その人に対して非常にはっきりとした感情を抱いています。喜怒哀楽のどの感情かはわかりませんが、その人に何かエネルギーを放出したいと思っている気持ちのあらわれです。何か言いたい、伝えたい、話したいことがきっとあるはずです。思い当たることはありませんか？　今あなたがエネルギーをぶつけたい相手です。

◆ピンクのイメージの相手は？

ピンクは「包まれた愛情」の代表色。今あなたはその人に対して、とても優しくリラックスした母性に近い感情を持っている証拠です。その人に向けられる気持ちは優しさのかたまり。もし異性の名前が入っているなら「恋愛感情」が強く入り始めているかも。反対に同性の名前が入っている場合は、その人からあなたに対してかなり「依存心」が強くなってきています。普段はあまり気にならなくても、だんだんとその人との付き合いが面倒になってくるかもしれません。

◆黄のイメージの相手は？

黄色は人を引きつける魅力があるとても目立つ色。この色をイメージする相手は、今あなたがとても気になっている人。常に、その人からは前向きな刺激をもらえます。ただあくまでも一緒にいると楽しい「友達関係」の人。男女間の愛情にはなかなか発展しません。いつまでも強い友情で結ばれる「親友」としての存在意味が大きいようです。

◆緑のイメージ相手は？

緑は安心感や安らぎを与える代表色です。この色をイメージした相手は、あなたに「温厚で堅実、保守的な家庭人」と映る人です。側にいるだけでホッとする安らぎを与えてくれる人として、あなたはこの相手に非常に無防備に心を開いているいい状態です。今、何か悩みや相談を持ちかけたいことがあるなら、絶対にこの人を選ぶべきです。あなたが今、一番素直になれる相手です。ただ、あなたから見て緑のイメージが強い人は意外と「頑固な面」も持っているかも……。

◆青のイメージの相手は?

青は「尊敬」を示す色の代表。冷静、落ち着きをあらわします。あなたから見て指導者、師と仰ぎたい存在の人です。またこの相手には「いい子(人)に見てほしい」という気持ちが潜んでいることも多いのです。この人に自分を受け入れてかわいがってもらいたいという気持ちが膨らんでいます。心理学のひとつとして、ここに子どもの名前が入った場合は要注意。最近会話が少なくなっているか、少し距離ができているかもしれません。思い当たることがあれば気をつけましょう。

◆紫のイメージの相手は?

紫は古くから「高貴な色」。優雅さや上品さ、華やかさを与える色の代表で神秘性を秘めています。この相手は「近寄りがたいけど大切な存在」。あなたは憧れの思いが強く入った熱い視線でその人を見ていることでしょう。同性の名前が入っていれば「自分の目標にしたい存在」の人です。ここに異性の名前が入っている場合は「運命の人」かもしれません。あなたが意識しなくても、なぜだか常にいい距離感で側にいて、自分の人生に関わってきている場合が多いのです。

◆オレンジのイメージの相手は？

鮮やかでパッと目を引き社交的で陽気な力のある色です。この相手はあなたから見て、人付き合いが上手だなぁと感じる人。常に仲間に囲まれているので羨ましいと思っています。この人と何か目的&目標が一致している場合は、あなたの強力なサポーターになってくれるはず。ただ、わがままな面もあるので、あなたが振り回される可能性も秘めています。でも本人は意外と孤独で寂しがり屋なのです。オレンジはおしゃべりをあらわす色でもあるので会話がはずむ相手という捉え方もできます。

◆茶のイメージの相手は？

ここに名前が入った人は、今あなたが苦手だと感じている相手です。なんとなく関わりたくないという気持ちがあるため、自分から距離を作っています。ただ、本来はあなたがもっとも信頼できる頼りがいのある相手。この人の意見には耳を傾けたほうがいいと自分ではわかっているはずです。

無理はしなくてもいいですが、この人はあなたに必要な人なので、自ら少し歩み寄ってみる時期（タイミング）を考えておくといいでしょう。

◆白のイメージの相手は？

白はまっさらな状態を示す色。ここに書かれた名前の相手とは「スタート」地点に一緒に立っている証拠です。これから何かを始めるべき相手として無意識に存在を認めています。同性なら今後、仕事のパートナーとなるかもしれません。異性であれば「これから始める相手」として未来の結婚相手としての潜在意識が強く働いているかもしれません。しかし、子どもの名前が入ったときは少し注意が必要。やや過保護傾向のサインです。少し距離を置くとよいでしょう。

◆黒のイメージの相手は？

この色を感じる相手は、あなたが今「絶対服従」できる存在の人。威厳があり、あなたに威圧感さえ感じさせる相手です。あなたはその魅力に強く惹かれると思いますが、この人は、基本的に孤独を愛する傾向があるので、あなたの思いは募れば募るほど辛くなってくるかもしれません。しかし、あなたはこの人の才能を１００％認めています。この人からはさまざまな意味で影響を受けそうです。

いかがでしたか？　自分でも気づかない深層心理がわかりましたか？　私はよくこの「色遊び」を講演の最初に行います。楽しみながら「色」の不思議さを体験してもらうためです。ぜひ、お友だちや会社仲間と一緒に楽しんでみてください。コミュニケーションを図るには、かなり効果があると思います。

②血液型で会話を楽しむ

いまさら血液型なんて、とお思いかもしれませんが、日常生活では役立つ便利な話題です。初対面の人でも話をしているうちに、だんだんその人の血液型がわかってきたりしませんか？

人はたいてい、自分の血液型に興味を示しますし、自分の血液型を嫌う人も少ないようです。ですから血液型別の特徴をプラスに解釈します。

たとえば「自分勝手」と書いてあれば「そうなの。私って個性的なのよ」と解釈し、

「気が小さい」と書いてあれば「そうそう、私って意外と繊細なの」と取るのです。

私も講演で血液型の話をアクセントに使います。

たとえば、メイクを指導していても、血液型別にそれぞれの特性が出るので大変面白いのです。

A型の人は一見、繊細でデリケートなメイクをしそうですが、実は非常に画一的というか、枠から出るようなチャレンジはしません。ですからマニュアルメイクは得意だけど、自ら工夫したりアレンジしたりは苦手のようです。

O型は思い切りがよく、失敗を恐れないチャレンジ精神があるので成長が早いのですが、基本的に大雑把なので繊細なメイクが苦手です。何より左右バランスを取るのが不得意です。

B型は研究心があるのでなかなか味のあるメイクをします。アーチスト系に多い血液型です。ただ、好き嫌いがはっきり出るので「好き」になれば成功しますが「嫌い・興味がない」となるとまったく結果を出せません。

AB型は本当にとらえどころがありません。気分のムラやそのときのテンションで仕上がりが変わったりします。でも基本的にバランス感覚に優れ、細かいことにも徹底してこだわります。かくいう私はこの「AB型」なのですが……どうなんでしょうか?。

このように「メイク」ひとつとってもかなりよいデータになります。もともと人間を4パターンに分けることは無理なのですが、たかが血液型、されど血液型。その傾向やデータは、時として人間関係までも円滑にしてくれるかもしれません。では、ここで血液型別の特徴をまとめておきます。

◆A型

●日本人に一番多く、人口の40%を占める
・順応性があり、感情的
・熱しやすく、冷めやすい
・犠牲的精神がある
・保守的、悲観的な傾向がある
・物事を深刻に考えやすい
・他人に対しての心遣いはすべての血液型の中で一番できる
・他人に厳しく、自分に甘い(それを自分で気づいていない)

長所……従順、慎重細心、反省的、情緒豊か、同情心、犠牲的、献身的
短所……心配性、感情的、意志薄弱、決断力不足、非社交的、内気で悲観的、自分を偽る傾向がある

◆O型

●日本人の約30％を占める

・ざっくばらんで世話好きが多い
・客観的で論理的、派手で陽気、現実的で大変強情
・努力家が多く、ときに支配的になる傾向が強い
・頑固一徹で強引なところがある
・上司の命令に快く従い、後輩の面倒見も大変よい
・小さな失敗を気にして劣等感を持つことも少なくない
・自分が信じる道を突き進む強い意志と旺盛な行動力
・他人の面倒を見すぎておせっかいと取られやすい

・神経が細かでないため、知らず知らず人を傷つけていることがある（ただしこれは、悪意ではなく人の世話をしたいという善意から）
・他人に決して弱みを見せない、グチをこぼさない

長所……自信がある、意志が強い、物に動じない、理性的、決断力がある、押しが強い
短所……強情、頑固、謙虚でない、冷淡、個人主義になりやすい、大雑把

◆B型

●日本人の約20％という少数派
・行動派で一匹狼タイプ
・主観的で衝動的、執着心がなく本能的
・根は陽気でカラッとしていて人付き合いがよいが、心のどこかにいつも疎外感を持っている
・団体行動やグループ活動に溶け込めない

・実行力はあるが、興味が変わりやすくて持続性がない
・すべての物事にすばやく対応するが、感覚でモノを判断するため、他人から見ると、気まぐれと取られることが多い
・仕事は日によってできばえが違う
・変わり身が早く、転職率は4タイプの中で一番高い

長所……あっさりしている、明るい、活動的、敏感に反応、思いきりがよい、社交的、楽天的、にぎやか
短所……飽きっぽい、軽率、大げさ、多弁で出すぎる、意志が弱い

◆AB型

●日本人の10%以下という貴重な存在
・すべてにおいて「ひらめき型」で直感に強い
・A型の繊細かつ陰気で細やかな神経と、B型の陽気かつ気さくで気まぐれな両面を持つ

血液型の力関係

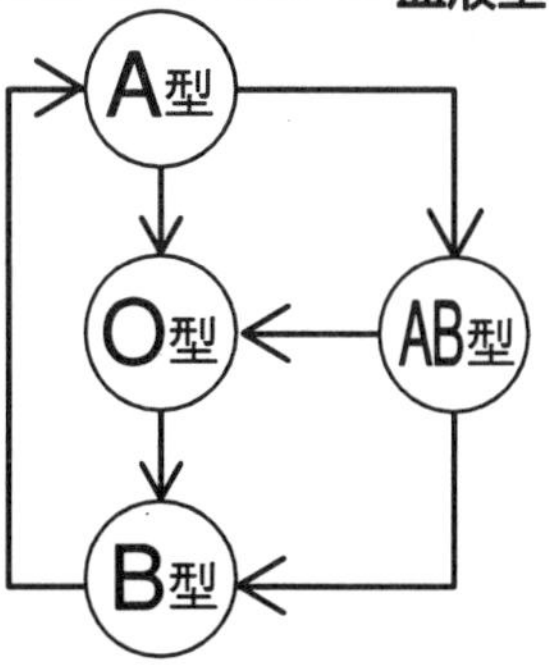

A　→OとABに優位、
　　B型に弱い
O　→Bに優位、
　　A＆AB型に弱い
B　→Aに優位、
　　O＆AB型に弱い
AB　→O＆Bに優位、
　　A型に弱い

・強気で自信家、合理的で顕示欲がある
・冷静で物事に対して無頓着な面をもつ
・決断が速く、機敏に行動を取る
・心の中は常に慎重で細心、献身的な面を持つ
・理論や裏づけデータなどのプロセスを頭の中でさっと処理してしまうため、他人に理解できない場合がある。これが天才的と取られたり、風変わりと取られたりする
・新しいことをどんどん取り入れる積極性があるため、時代の流れにも大変敏感
・熱しやすく冷めやすいわけでなく、すべてに対して一貫性がある
・静かで落ち着いており、感情を表に出さない。無表情、不可解

長所……よく気がつく、親切、献身的、積極的、洞察力がある、直感的、判断が早い
短所……気分にムラがある、ときに強引、冷めたようなところがある

③コスメ選びのプロの裏技

化粧品と一口に言いますが、それこそ世の中には種類がいっぱいあって、選ぶのも大変な時代です。超高級なものから低価格コスメまでさまざまです。いったい何が違うのでしょうか?

●高級コスメはなぜ高いのか?

いろいろな理由がありますが、大きくあげると次の2点です。

①配合成分自体が非常に珍しいもの、もしくは最先端技術を駆使した新成分の場合は原材料コスト自体が「高い」ため、それを使った化粧品の価格は高くなります。

①容器のデザインがおしゃれで凝っている場合

こういう場合は「容器代」が高いというケースもあります。中小企業が商品開発すると「容器デザイン料&型代」が想像以上にかかってしまうことがあるのです。商品ロット(製造する量)が少なければ少ないほど、容器代の占める割合が高くなるのはわかりますよね。

これも一概には言えませんが、あまり聞きなれないメーカーやブランドの化粧品で、かわいい凝ったデザイン容器のもので「高いなぁ」と感じるときは、その価格の約80%が容器代だということもあるので覚えておきましょう。

●格安コスメは安全か?

最近はドラッグストアやコンビニでも化粧品が簡単に買えます。しかもどれも比較的、手頃な価格なのでうれしいものです。じゃあなぜ安いのか? そして本当に安全か? という点についてお話しします。

まず、格安にできる大きな理由として先ほどの逆で「容器デザイン」にこだわらないという点があります。注意して見てみると、格安コスメは同じような容器に入っていることが多いですね。これは「ありあわせの容器を利用している」からなのです。

つまり容器を自社で作らずに、容器屋さんが大量に作った中から容器を選択して利用しているのです。このように容器代を少しでも安くおさえて商品を作っているから「安く」できるのです。

次に、安全面の簡単なチェック方法をご紹介します。

化粧品にも国産、外国産の2種類があります。これも一概には言えませんが、格安コスメを選ぶ場合はまず「国産」を選ぶと安心でしょう。

国産は安全規定が大変厳しいからです。ある有名メーカーの部長さんから聞いた話によると、格安コスメには海外生産のものが多く、中には製造段階の規定がとてもあいまいなケースもあるそうです。具体的にいうと商品製造の際の「雑菌処理」が不完全なことがあるらしいのです。ですから、使用した際、肌トラブルが出る確率が国産に比べて高いということです。

これもコスメ選びのひとつのコツとして覚えておいて、せめて「どこで作られたか」をチェックをするようにしてはいかがでしょうか? 商品の裏を見れば必ず生産国が書いてありますから、必ず自分で納得したものを選ぶようにしましょう。

そしてどんな場合でも、化粧品選びには「テスター」を最大限活用するようにします。

目元や口元などデリケートな部分につけて半日～一日だいじょうぶであればＯＫです。

もし肌に合わないときは必ず、かゆみ、湿疹、かぶれなどが出ます。

これは肌からのＳＯＳ。「合わない」というサインなので、必ず自己チェックして選ぶように気をつけましょう。

④プロはクレンジングをこう見極める！

ビューティープランナーの立場として、私が声を大にして伝えたいことのひとつに「クレンジング選びの大切さ」があります。

世の女性はついつい肌に「つけるもの」のほうに目を奪われ「落とすもの」をおろそかにしがちです。これは本当に残念なことです。特に最近は技術が進んで「崩れにくいファンデーション」「落ちないファンデーション」が主流になっているのですから、逆に言うと「落とすのも大変！」だということをしっかり頭に入れておく必要があります。

主なクレンジングのタイプ
・クリームタイプ
・ローションタイプ
・ジェルタイプ
・オイルタイプ
・シートタイプ(ふき取り)

クレンジング剤は今、本当にいろいろなタイプが販売されています。その中でいったい何が一番いいのでしょうか?

先ほども言いましたが、最近のメイクは進化しているという点をしっかり考えて選ぶ必要があります。どのアイテムも崩れにくくなってきてますから、しっかり確実にそれらを落とせる力のあるクレンジングを選択できる知識を持ちましょう。

まず、とても簡単なのは「油分」がしっかりと落とせるものを選ぶこと。ファンデーションもリップも化粧品には多少なりとも「油分」が含まれています。ですからこれらのオイルになじみやすいのはやはり「オイルの性質」を持った材料です。

この理論から、私がおすすめしているのが「クリームタイプ」と「オイルタイプ」のクレンジング剤です。では、それぞれについてもう少し詳しく見てみましょう。

まず「クリームタイプ」は一番古くからあり、どのメーカーにも必ず存在する基本的なクレンジング剤と言えます。材質的にも「クリーム」という言葉からわかるように、肌への感触や負担が少ないという大きな利点があります。最近では技術が進み、そこにさまざまな特徴を付加し、進化したクリームクレンジング剤が出ていますが、ひとつ面白いクレンジング剤のチェック方法をお話しします。

クリームタイプといってもいろいろで、水の性質が強いもの、オイルの性質が強いものに分かれます。その中であえて私は「オイルの性質が強いもの」をおすすめしています。

その理由は、さっきも言ったように落としたい汚れは「しつこい油分」だからです。

では、どのクリームクレンジング剤の「オイル性質が強いか」をどう見分けるのでしょうか？　それは化粧品の裏やパッケージに書いてある「全成分表示」の部分を見れば一目瞭然！

ここには、その化粧品にどんな成分が入っているかの記載がされてあると同時に、どの成分が主体となって、その化粧品が作られているかまでも知ることができる「処方箋」になっているからです。

どのように見るかというと、その全成分表示の中で一番最初に書かれている成分こそがその化粧品に一番「主」となって配合されている成分名なのです。これは記述する際、そういうルールがあるためです。そのルールに従うと、スキンケア商品の場合は一番最初に「精製水」と書いてあることが多いです。

スキンケア商品は「水」を主として、そこに肌によいとされるいろいろな成分を各メーカーが競って加えながら作るというのが基本だからです。

クレンジングも同様に見た場合、精製水が一番に記載されているものもあります。それは「水の性質を強くもったクレンジング」だと判断できます。ですから、私が選ぶときは、まず一番初めに「オイル」名が記載されているクリームタイプのクレンジングを探します。たとえば「オリーブオイル」「ホホバ油」などと書いてあればＯＫ！

これならオイル性質が主となったクレンジングだと判断できます。まずはこの方法で、今お使いのクレンジングをチェックしてみてはいかがでしょうか？

次に「オイルタイプ」のクレンジングの選び方です。オイルは肌への刺激がクリームタイプより若干高いので、肌の弱い方には先ほどのクリームタイプをおすすめします。

しかしパーフェクト洗顔を目指すには、やはりオイルに勝るものはありません。油の汚れは油で落とすのが一番完璧だからです。しかし、オイルにもさまざまな種類やグレードがあって値段もまちまちです。

ではよいオイルクレンジング剤の簡単な見分け方をご紹介します。

手のひらにお手持ちの口紅(できれば色のしっかりつくタイプ)で汚れを作ります。しばらく時間を置いて、ある程度乾いたら、そこにテストしたいオイルを1～2滴たらします。そして指先でトントンと軽く叩いてみましょう。クルクル混ぜ合わせる必要はありません。よいオイルであれば、このトントンという動作だけで口紅の色が浮き上がってくるはずです。浮き上がらないオイルはこの時点で失格！　少しオイル性質が弱い証拠です。

次に、そこへ一滴の水をたらしてみましょう。よいオイルであれば白く乳化していくはずです。これはオイルという油の性質から、水の性質へ転移（変化）している証拠。このような転移性のオイルのほうが、使用後に肌がベタつくという不快感もありませんし、何より毛穴の汚れが肌表面まで引っ張り出せるのでクレンジング剤としては優秀です。

この2点をチェックすると、オイルもある程度よし悪しを見分けることが可能です。

⑤目力はビューラー&マスカラで作られる

誰にうかがってもメイクの最大のポイントは「目もと」だと答えます。最近では少し「肌づくり」にも関心が出てきていますが、やはりメイクの醍醐味はいつの時代も「ぱっちり目」「魅力的な目」にフォーカスがあたります。

でもここで大きな勘違いをしている女性の多いこと!

私も全国でメイク指導や話をさせていただきますが、年齢が上になるほど「目もとのメイク」への関心が高くなります。若かった頃の自分と比べると、一番変化が顕著にあらわれる部分でもあるからでしょう。

私も20代の頃に比べれば、確実に「老化」が進んでいると認めないわけにはいきません。特に、目もとは色素沈着やシワ、まぶたのたるみ、まぶたのくぼみなど老化の宝庫です。

だからこそ、メイクをする場合に「最低限しなくてはならないステップ」があるのですが、だいたいの方がこの肝心な部分を一番後回しに、おろそかにしているのが現状です。

そのステップとは「ビューラー&マスカラ」。色をつけるよりも、ラインを引くよりも大切な部分です。しかしミセスの方ほど、このビューラー&マスカラを省いてメイクしているのはどうしてでしょうか？

まず目もとメイクの目的をしっかりとお話しします。

目もとに老化が出るということは、目の印象が弱くなっているということです。だんだんまぶたがたるんで、目もとが小さくなる方や、目尻が下がってタレ目になる方。若い頃はしっかりした二重だったのに、知らぬ間に奥二重になってしまったという方。どの場合もなんとか「ぱっちり目」を作りたいというのが本音ですね。

そんなとき、アイカラーやアイラインで手を加えるより先にするべきメイクが「まつ毛」を上げること。目もとをはっきりさせるためには「白目」をしっかりと１００％出さなくてはいけません。日本人の約80％はまつ毛が下向きに生えているというデータが出ているように、何もしなければ、まつ毛で目もとを隠してしまいます。

だから邪魔なまつ毛は、ビューラーで上に持ち上げておく必要があるわけです。これで１００％目もとが出てきますよね。ビューラー効果の最大の目的はここなんです。

しかし「まつ毛が思うように上がらない」という声もよく耳にします。

その原因には次の３つのケースが考えられますから、自分がどこに当てはまるかを把握しましょう。

●まつ毛が健康毛でクセがつきにくい場合

パーマがかかりにくい方は、まつ毛も上がりにくいと思います。これはまつ毛自体が健康だからです。そういう方は、ビューラーよりもホットビューラーを使うことをおすすめします。

まつ毛を温めながらクセをつけるもので、市販でさまざまなタイプのものが販売されています。それを使ってまつ毛の根もとから上に持ち上げるようなクセをつけるといいでしょう。

●まつ毛が短くてビューラーがかからない場合

この場合は繊維入りのマスカラを選び、まつ毛に長さを加えるといいでしょう。繊維入りにもいろいろなタイプがありますから、自分に合った使いやすいものを探しましょう。そして、マスカラが乾いたら根元だけでもホットビューラーで持ち上げておきます。

●ビューラーが目の形に合っていない場合

実はビューラーが上手に使えないという方のほとんどがこのケースです。ビューラー選びの失敗の多くは「自分の目のカーブとビューラーのカーブが合っていない」ということ。いろいろなビューラーを並べてみると一目瞭然なのですが、一言で「ビューラー」といっても、その形は各メーカーさまざまなクセがあるのです。カーブの緩やかなもの、カーブのきついものといろいろです。

私は仕事柄、いろいろな目の方にメイクをしますので、そのたびにいくつもビューラーを持ち歩くことはできません。そこで、あれこれ試してみて、日本人の目に90％は合うビューラーを見つけました。それが「花王ソフィーナ」のビューラーです。これなら外国人タイプの落ち窪んだ立体的な目の方でなければ、だいたいＯＫです。ですから、私たちプロにはとても便利なビューラーです。

ビューラー選びのもうひとつの注意点が「ゴム部分の質」です。できるだけゴム部分がしっかりと硬いものを選びましょう。

また、まつ毛を挟む部分のゴムに切れ目のないものを探すことをおすすめします。切れ目があるものは、そこにまつ毛が挟まって、まつ毛が抜けてしまったり、まつ毛に傷がついたりしやすいからです。

最終的には実際にまつ毛を挟んでみて、しっかりと弾力を感じるものを探しましょう。あまり軽い（弱い）ものは力が入らず、きれいにまつ毛を上げることが難しいと思います。

そして自分に合ったビューラーが探せたら、使うときにもコツがあります。ビューラーは一度にかけず、必ず2段階でかけるようにしてください。感じとしては、まつ毛の根元が70%、そして中間部分が30%くらいの力でかけます。毛先は絶対にかけないようにしましょう。ただでさえ、毛先は細くデリケートなのでクセがつきやすい上、失敗するとカクンと直角に折れてしまい、びっくり目になります。特にミセスの方は注意するようにしましょう。


次に「マスカラ」選びです。しっかりとまつ毛が持ち上がったら、さらに目の印象を若々しくするためにマスカラを使います。最近はこのマスカラがどんどん進化して、本当に機能のよい優れものがたくさん出ていますので、いろいろと試してみるといいと思います。

とりあえず次の3点をクリアしているマスカラを選びましょう。

①早く乾くもの
②重ねづけしてもダマにならないもの
③用途に合わせて「繊維なし」か「繊維入り」を考える

そして私が今一番お勧めしているのが「色へのこだわり」です。まず基本色として必ず「黒」は一本持っていたいものですが、さらに、上品さ、センスのよさにこだわるのであれば、断然お勧めの色が「ネイビーブルー」です。いわゆる紺色ですね。黒に近い濃紺がベストです。目元に大人っぽいおしゃれさが加わります。

ミセスは間違っても華やかなブルー一色で仕上げるのはＮＧです。華やかどころか逆に下品になってしまいますから気をつけましょう。

とにかく歳を重ねれば重ねるだけ必要になるメイクポイントが「ビューラー＆マスカラ」だということをしっかりと理解してほしいと思います。

⑥知っておきたい化粧品成分の落とし穴

ご存じですか？　実は２００１年４月から化粧品業界に大きな変化が起きています。美容関係に興味のある方ならもう当然の知識かもしれませんが、この日から化粧品の成分表示に大きなルールができました。それが「全成分表示」をするということ。

言葉どおり、化粧品の中に含まれている成分をひとつ残らずすべて記述しないといけないという決めごとです。

ですから最近の化粧品を手に取って見ると、容器の裏やパッケージに目に見えないくらいの小さな文字でぎっしりと漢字やカタカナ、数字が並んでいます。私たち消費者側に、これらを納得、理解した上で化粧品を購入したという責任が生じるようになったのです。

でも私でさえ、これらすべてをパーフェクトに理解することはできません。同じ成分に対しても、各メーカーごとに違うネーミングをしていることも多々あるようで、とても素人には判断できないのです。だからこそ、化粧品を購入する際には、しっかりとお店の方に「成分の説明」を求めるという姿勢も必要なのではないでしょうか?

もうひとつ「医薬部外品」という化粧品の種類があります。

最近はなぜかこの「医薬部外品」が流行っているようです。

これは化粧品と医薬品（薬）の間に位置する種類のもので、化粧品よりも少し突っ込んで、一定の特別な効能効果がアピールできる商品であることを示します。ですからついつい私たちもどうせ使うなら「医薬部外品」のほうが安心、効きそうと勝手に思って選んでいますが、ここにもうひとつの落とし穴があると言われています。

それは、「医薬部外品登録」がしてある化粧品に関しては「全成分表示をしなくていい」というルールです。この種類の化粧品には、多くの方に副作用の恐れがあると、国が認定した「指定成分（現在香料を除いた１０２種登録されています）」だけを記載すればよいのです。

ですから、消費者側にはすべての成分把握ができないので、中には「指定成分ギリギリ」の成分が含まれていたとしても、判断のしようがないということも起こるのです。

メーカーにとっては、企業秘密成分や製造レシピを公表しなくてすむので、いい「隠れみの」にすることができる便利な区分ともいえます。ですから消費者である私たちは、せめて「医薬部外品」を購入する際は、しっかりとアドバイスを聞いてから購入するようにしてはいかがでしょうか？

ではよく使われる成分で特に気をつけたい3つを紹介しておきます。

これらは覚えておいて化粧品選びのときにぜひ参考にしてみてください。

①パラベン

環境ホルモン作用があると報告されている指定成分のひとつです。化粧品が腐らないようにするために用いられます。特に若い方はできるだけ避けた方がいい成分のひとつですが、その配合率で注意レベルが異なりますから、メーカーポリシーも参考にして選びましょう。

最近では「食用パラベン」（口に入っても安心なパラベン）をあえて化粧品に使用することで少しでも消費者に安心感を、という製品もたくさん出てきています。

②香料

人工的に香りをつける場合に用いられます。肌の弱い方ですと、これらに強いアレルギー反応を起こすことがありますから、特にアレルギー体質の方はできれば「無香料」のものをおすすめします。

ただし、無香料＝原材料そのままのにおいということなので、中には「臭い」と感じるものもあるかもしれません。逆に、無香料と書かれていてもいい香りがするものもあります。たとえばハーブなど香りのよい成分を含んでいるケースです。そんなときは「この香りはなんの香りですか？」と聞いてみるとよいと思います。

③タール色素（赤・黄・青の何号と書かれてあるもの）

人工的に色をつける目的で用いられるこれらの多くには、発ガン性、またはアレルギー性があると報告されている成分です。色がついている化粧品を選ぶときには吟味する必要があるでしょう。特にスキンケア化粧品に色がついている場合は、なぜその色がついているのか、なんでその色をつけているのかをしっかりと考えて選ぶようにしたいもの。しかし中には、あえて色をつけてあるという化粧品もあります。その場合の多くが、毒性のない天然植物色素を選んで使っているので、これらは心配ないようです。このあたりの判断は、消費者側の責任となりますから、遠慮なくしっかりチェックするといいと思います。

2 プラスのパワー貯金があなたを守ってくれる

私はここ10年くらいなんとなく理解していて実行していることがあります。

それが「プラスのパワー」の貯金生活。私たちが日々生活していると、当然いいこともあればイヤなこともある……その繰り返しに自分が一喜一憂することが多いですよね。それをなんとか自分でコントロールする方法はないだろうか……と考えていたら、きっとこの世の中は自分自身の意識のバランス次第なんだと気づきました。プラスとマイナスの意識のバランスでそのとき、その時点に勝っているほうが、その都度「顔」を出すのではないかと……。イヤなことが続くときは、しばらくいいことがまるでないような焦燥感に陥ったり、ワクワクする楽しいことが続くときは、何をしてもうまくいくのではないかと自信につながったり……ということです。そこで「プラス志向」を実践するきっかけとして、私の場合は「プラスのパワーの貯金活動」を生活の中で実践しています。

私が考えるプラスパワーとは【自分で心地よいこと、人の役に立てること、良心に忠実な行動、優しさ、明るさ、前向きさ、愛情のある行動】などです。そしてこの反対がすべてマイナスパワーと捉えます。

もっと簡単に言うと、自分で思う「いいことすべて」がプラスパワーです。これを常に自分の行動にいつもいつも植えつけていくのです。一日ひとつでもいいので「貯金」をします。

もし「プラスのパワー貯金」がいっぱいたまっていると、ちょっとした「アクシデント」や「災難」「イヤなこと」をそのプラスのパワーが消しゴムのように消してくれると信じています。「あーびっくりした。でも助かった」とか「うわぁーヒヤッとした！　危なかったぁー」ということがいろいろな場面で起こりますよね。でもそれは、本当なら「危ない目にあった」かもしれないのです。けれど「プラスのパワー貯金」がしてあれば、そんなピンチのときにあなたの意識にそっと「天使の手」を差し出してくれると思うのです。

だから私はいつも「プラスのパワー」の貯金活動を欠かしません。いっぱい貯金がしてあれば、ちょっとした「マイナスの自分」が顔を出したときにもピンチや災難が降りかかったときにもたちまち「プラスのパワー」の消しゴムで消してくれるでしょう。

最近、「プラスのパワーの貯金」が減っているなあと感じたときは、徹底的に朝から「プラス意識」で過ごしたりもします。

たとえば……。

「目覚ましが鳴って起きれたら」

↓「ああよかった。一回で目が覚めた！　コーヒーが飲める時間ができたわ」

「満員電車で座れなかったら」

↓「スカートがシワにならずに会社に行けるわ！　運動不足にもちょうどいい！」

「上司に何か注意されたとしたら」

↓「よかった。これ以上大きなトラブルにならなくて……。ありがたいわ」

「会社帰りに突然の雨だったら」

↓「せっかくだから寄り道してショッピングしていこう。そのうち、雨もやむかも……」

と、こんな感じでとことん「考え方」をプラスに切り替えて過ごしてみるのです。

と同時に「自分の良心に忠実な行動」や「いいこと」「手助け」などを意識して行います。すると、一日であっという間に「プラスのパワー貯金」はいっぱいになるでしょう。

私はこのペースを完全に自分のものにしたので、最近はあまり極端に落ち込んだり、後ろ向きになってしまうことがほとんどなくなりました。

なんだか「あー助かった」というタイミングで難を逃れていることが増えています。

あなたもこんな気持ちのシーソーゲームを楽しんで、自分のデリケートな心を、上手にコントロールしてみてはいかがでしょうか？

3 出る杭《くい》は打たれるけれど、出すぎた杭《くい》は打たれない

これも私のモットーとしている言葉のひとつ。人間社会は常に競争精神がベースにありますから、日々の生活の中で、不意に人に足を引っ張られたり、思わぬ落とし穴に落とされたり、自分では理解できない状況に立たされたりといろいろあります。

私にも一般企業でのＯＬ生活の経験がありますから、こういう理不尽で悔しい思いをして涙を流すということが多々ありました。そのたびになんとか立ち直っていったのを覚えています。そんなとき、何かの本でこの言葉を見つけたのです。

「出る杭は打たれるけれど、出すぎた杭は打たれない」

本当に「この言葉どおりだ！」とすごく勇気を持てたのを今もよく覚えています。

誰にも無意識に人の邪魔をしたり、邪魔されたりということがあると思いますが、それ

は「邪魔をするために手が届くから」なんですよね。だから自分より少し先に行った人に対しての嫉妬から、人は「杭を打とう」とするのです。

だったら人が容易に手が届かないレベルまで自分が成長すればいいわけです。私はこの考え方にすごく共感、納得しました。

そして何か悔しい経験をしたときには徹底して「自分のレベル」を上げる努力をしました。誰も自分に手が届かないだろうというレベルまで……。

この方法は私をとても成長させてくれました。「悔しい」気持ちになるたびに強い自分を育てていけるからです。

今、いろいろな状況で本当に悔しい思い、煮えたぎる気持ち、抑えきれない怒りなどと戦っている方がいたら、ぜひこの言葉を心の中で唱えてください。

「出る杭は打たれるけれど、出すぎた杭は打たれない」

あなたがその「出すぎた杭」になれば、誰もあなたの邪魔はできません。

いい女の条件のひとつ。「強くなりましょう」。

4 お財布にもプライドを持たせていますか？

お金は天下の回り物。本当にそうではあるのですが、できれば自分のところにもしっかりと回ってきてくれれば言うことはありません。

そこで私の「お財布」についての考えを紹介します。これはいろいろな本から得た知識や、人からうかがった話の総まとめです。

①お財布には寿命があるということ

お財布には長くて3年という、役目を果たせる期間があるそうです。（本当は1年がベストみたいです）ですから、たとえ愛着があったとしても、大切な方からのプレゼントだったとしても、あまり長い期間、同じお財布を使うべきではないそうです。大切なお財布は「使う」という役目を終わらせて、「思い出として保管する」というように切り替えたほうがいいとのこと。

お財布は厄を祓うための「お金」を入れる器です。ですから、その本来の役目をしっかり果たしたお財布は、きちんと処分するべきだそうです。

ククタになった味のあるお財布はそろそろ買い替えてみるといいかもしれません。

②お財布の理想は「札入れ」と「小銭入れ」をきっちり分けること

お札と小銭は同じお金でも「格が違う」という考え方があるそうです。お金を粗末に扱うということのひとつに、この両者を一緒にすることも含まれると聞きました。

できれば、お札を入れるためのお財布と小銭を入れるためのお財布は区別して2つ持つのが、お金に嫌われないコツだそうです。

確かに、お財布を2つ持つのはなかなか面倒です。お会計するたびに、それぞれからお金を出し入れしないといけないからです。でも、そのひと手間でお金に好かれるなら、少し頑張ってみようかなという気になりませんか? ちなみに私は実行していますよ。

③お札は同じ向きにきちんと整理して入れること

これはある番組で風水の方がおっしゃっていたことです。お札には人の顔が印刷されていますよね。お金に嫌われないで、しっかりと自分のお財布にとどまっていて欲しいなら、その人たちを丁寧に扱うことが大切だというお話でした。

顔の向きを一定に揃えて整理整頓するということは、お金に対しての気遣いになるそうです。乱雑にただ放り込むと顔の向きがにらめっこしたり、逆さまになったりすることも当然ありますよね。それではお金のほうも居心地が悪くて、早くそのお財布から外に出たいという気になるとのこと……。なるほど、考え方次第ではそうかもしれませんね。

これらの話の根底には、やはりお金を丁寧に扱うことの大切さが含まれていると思います。

こんな雑学的な話も、「興味」と「聞く耳」を持って聞くと意外と新鮮な情報として心に残ります。些細なことも日々、大切にして過ごしていくと、大きな変化をもたらすかもしれません。人がいいと言うことにはまず耳を傾けてみましょう。そんな心の余裕と好奇心のある女性って、ステキだと思いませんか？

5　10歳以上離れた友人を何人持っていますか？

人間の幅を作っていくのは、前にも話した「自分自身の気持ちの持ち方」ともうひとつが「周りの人とのいい関係」だと思います。

私たちはついつい、一番居心地のいい仲間と過ごす世界を無意識に作り上げてしまいますが、それだけではいつも同じ自分、狭い世界の中の自分ができあがってしまいます。似たような考え、近い年齢、同じような感覚の人とは気が楽なので、付き合いやすいのは確かだと思います。

でももっと自分を磨き、成長させたいという前向きな気持ちがあるなら、思い切ってこの「10歳以上年の離れた友人や知り合いを作る」ことをお勧めします。

●10歳以上、年上の方であれば、
・あなたの不完全な部分を人生経験の中から適切にアドバイスしてくれる
・その方があなたのよき理解者であれば「最高の後ろ盾」になってくれる
・あなたの周りに現在、そういう人物が一人もいないとしたら、これまで少し意地っ張りで自己中心的な生き方をしてきたからなのかもしれません。

●10歳以上、年下の方であれば、
・あなたが苦手になっている「旬」の話題を提供してくれる存在になる

・あなたが忘れかけている「情熱」や「素直さ」をときに思い出させてくれる
・あなたの周りに現在、そういう人物が一人もいないとしたら、あなたは第三者から見てあまり魅力的な存在ではないのかもしれません。

この２タイプの友人がいるか、いないかで少し自分を見直すこともできるでしょう。魅力的な人の周りには年齢を超えた人がどんどん集まってきます。

私もそんな人になりたいといつも思っていますが、そのためにはどんな年齢の相手にとっても魅力のある自分でいなければならないわけです。

なかなか難しいことかもしれませんが頑張りたいと思います。

JMA（ジャパン・メイクアップ・アカデミー）認定商品リスト

★地球環境汚染や河川浄化作用までも考慮して開発されたFFCナノテクノロジー製品シリーズ。
あらゆる生態系を『蘇生&活性』するという太古のナノミネラル配合。JMAでも人気のあるアイテムです。

癒しの全身ソープ 500ml ¥6,090－	使用しながら自分の肌力を再生させる全身ソープ。敏感肌・乾燥肌・弱アトピー等にもOK。肌が弱いとお悩みの方に選ばれ使われているソープです。私自身も弱アレルギーを持っているので石けんにはとても気を使いますが、これは安心して顔も洗えます。
癒しのシャンプー 500ml ¥3,990－ 癒しのトリートメント 500ml ¥5,040－	癒し効果の高い「ひまし油」と「セラミックスイオン」が今まで体験したことがない程の『超・保湿効果』を髪と地肌に与えます。傷んだ髪の『再生（蘇生）力』は抜群。私も髪が傷んでいる方なのでセットで使い始めましたが、1週間も立たないうちに、髪にツヤとコシ、なめらかな手触りが復活して驚きました。今はかなりサラサラ髪に回復しています。また、抜け毛、薄毛、白髪なども『再生効果』により改善されたという声が多く届きます。

★約35年間、和漢生薬のみで「本当に肌に負担のない化粧品」を作り続けている化粧品メーカーの製品。
JMAでもここの製品を扱っていますが、一度使うと納得する効果が出るのでリピーターがかなり多いです。

まろやか （全身トリートメント） 250ml ¥3,990－ 500ml ¥6,090－	【現代乾皮症】という乾燥肌が今、どの年代の肌にも広がって「肌が弱い」人が急増中。最近よく耳にするアトピーやアレルギーもそのひとつ。まろやかは医薬部外品登録された肌のトリートメント剤です。和漢生薬だけでその人の「水分維持力」を復活させます。これは肌トラブルを予防&改善するので、一家に1本、お風呂場に置いて使ってみて下さい。
アクティブクレンズ 150g ¥4,200－	和漢生薬のオイルクレンジング剤がこの商品。オイルなのにクリームタイプになっているので、これなら肌が弱い方でも「オイルクレンジング」が可能。最近のファンデーションは、なかなか落ちにくいほど密着性が高いので、しっかり毛穴の中まで洗顔できるクレンジングを選ぶのが一番大切。私はもう3年、このクレンジングを使って完璧洗顔を実行しています。
スキンプログラム 【R】シワ&タルミ 【W】ホワイトニング 【P】ニキビ&毛穴ひきしめ 各 120ml ¥5,250－	和漢生薬をブレンドして作った化粧水。肌タイプや悩みに合わせて選択できるように3種類あります。和漢生薬でもたらされる「保湿力」は通常の化粧水とは違い、肌の奥深くから、しっとりする感覚。特に乾燥肌、敏感肌でお悩みの方からの支持率が高いアイテムです。この中で1本選んで使ったり、時には2本セレクトして組み合わせたりして使ってください。私は年中『W』を愛用しています。この後は時々、美容液をつけるだけで十分です。
アイジェル 25g ¥4,410－	和漢生薬の美容液というと高級なイメージがしますが、これは安心価格&効果的なので、長く愛用しています。アイジェルという名前なので「目もと専用」という感じがしますが、通常の「美容液感覚」で使っています。スキンプログラムで保湿した後に、まだ乾燥が気になる部分があればこれをつけています。「保湿」のお助けアイテムとして重宝します。

★《乳酸菌》を徹底して研究&開発しているメーカーがあります。ここの製品は本格的な「乳酸菌」を色々なアイテムに応用して「いいもの作り」をしています。その中からJMAも次の2点を認定し扱っています。

ラクトリバース 32g　¥8,190－	【乳酸菌】の効果を化粧品にしたのがこのクリーム。乳酸菌は肌につけると、保湿を手助けするという『縁の下の力持ち』効果があり、化粧水の浸透をスピードアップ&パワーアップさせてくれます。乳酸菌クリームなので、香りはヨーグルトそのもの。「乾燥肌」で悩んでいるなら、まず一番にお薦めしているクリームです。
潤性蘇菌 （じゅんせいそきん） 2g×60包入り ¥12,600－	【乳酸菌】をそのまま体内へ入れたいという方にはこちらの商品がお薦め。乳酸菌を摂取する場合、最も効果的なのは「単独」で摂るより「総合的」に摂ることです。ヨーグルトをたくさん食べてもバランス良く様々な乳酸菌を腸まで送るのはまず不可能。そこでこの商品なら、なんと16種類の全ての乳酸菌と、それらを活性維持するために必要な24種類の乳酵母を同時に摂取できるというサプリメント。病院などでも認証されている本物サプリです。健康維持とは「腸を健康にすること」だと言われるほど大切な部分が「腸」です。その為に一日１～３包を目安に摂取されるといいと思います。生活習慣病対策にも効果大です。
すてきに元気 720ml　¥15,750－	本格的に【ファスティングダイエット】して体内を一端、ゼロに戻し大掃除したいという方には、病院などでも使われているこの商品がお薦め。３日間これだけで過ごせば、体内に蓄積されていた有害物質や老廃物が全て排出されます。（３日間で２本必要です）

◎ここに紹介したのは「JMA認定商品」の一部です。
まだまだ、安心して使える「本物商品」が多数ありますので、興味のある方は直接、JMA事務局にお問い合わせ下さい。

◎また、ここに紹介した認定商品はJMAで販売もいたしております。
ご質問、ご注文はJMA事務局でお受け致します。

◎様々な「美スタイル」提案セミナーやスクールも随時開催しています。
興味のある方はぜひ一度お問い合わせ下さい。

・メイクアップスクール（一般コース・プロコース）
・カラー心理分析セミナー
・自己分析スキルアップセミナー
・本物志向のスキンケア

■ JMA事務局
営業日時：月～金　10:00～19:00
TEL　052（776）6228
FAX　052（776）6219

あとがき

3ヵ月の自分創り＝あなたの「美・スタイル」の確立はできましたか？
最後までやりとおした方もいれば、途中で投げ出してしまった方、まずは本を読んでから、やってみるかを考えようという方……いろいろいらっしゃると思います。どんな形でもいいので、この本のちょっとした情報が「何かを始めるきっかけ」になったのであれば本当に嬉しく思います。

あとがきにかえて、最後にひとつ、私が最近新たに実践しはじめた「美・スタイル」をご紹介します。それは「おはよう日記」というものです。日々、仕事と雑務に追われ時間の消費ばかりしているので何か自分を振り返る時間がほしいなぁーというのがきっかけでした。

通常、日記というと「夜、寝る前に1日を振り返って書くもの」という感覚ですが、これだと私の場合、まず一週間も続きません。理由はいろいろありますが

① 夜は疲れているのでなかなか書く気がおきない

②夜、書くと何だかいつも反省文になってしまいおもしろくない
③夜はいろいろとやることが多くて日記をつけること自体を忘れてしまう

それで少しアレンジして「朝」の時間をつかってみようと思ったのです。

私は毎朝、起きると30分くらい、のんびりと新聞を読んだり、メールチェックしたりします。その時間に「おはよう日記」を加えました。

朝は1日の始まりですから「気分よく過ごす」のが私流。ですから「おはよう日記」にも私なりのルールを決めました。

①書きたいと思った日にだけ書くようにする（毎日書こうとすると負担になるから）
②絶対に「後ろ向き」な言葉は書かない
③短く書く

たったこれだけです。時には新聞を読んでいて気になるフレーズがあればメモしたり、今日の予定を書いたり、おもしろかったことや楽しかったことを思い出して書いたり……。

これは通常書く「夜型日記」と違って、暗い内容にならないので、あとで読み返しても楽しいのです。ちなみに今日の「おはよう日記」には　【今日は一日「優しい気持ち」で

過ごすぞぉー】と大きな字で書きました。最近少し、精神的に忙しくて心がささくれ立っていたので、まぁるい心を取り戻そうと思ってこの一行だけ書いたのです。おかげで、今日は外出先でもいろいろな場面で人に優しく接する気持ちを意識して過ごせました。いつもより「ありがとう」という言葉をたくさん言った気がします。こんなふうに「おはよう日記」は私にとって思いのほか効果的。これからも続けてみようと思います。

こんなふうに私自身もまだまだ試行錯誤している「自分創り」ですが、自分の気持ちは自分でしかコントロールできないやっかいなモノ。だからこそ、本当に些細なことが驚く変化や効果をもたらすのです。そしてそれをと味わえるのは「あなただけ」の特権です。

これからもその醍醐味をじっくりと楽しんでみてください。

最後までお読み頂きありがとうございました。皆さまにステキな毎日が訪れますように…。心よりお祈り申し上げます。

二〇〇四年六月

西尾真由美

著者プロフィール

西尾 真由美（にしお　まゆみ）

化粧品業界に約20年携わり、化粧品を通じて、女性に「美の追究」を提案し続けている。某大手化粧品メーカー在職中、新人インストラクターの教育、販売員への技術指導や人材育成、商品企画プロジェクトなどに参加。その過程で教育ノウハウを築き上げ、各種セミナーの企画及びその講師として、数多くの実績を上げる。現在は、ビューティープランナーとしてまた「ジャパン・メイクアップ・アカデミー（JMA）」の代表として、美容セミナーや講演等を精力的に開催。化粧品メーカーのオブザーバーとしてプロデュース企画も行う一方、出版活動、テレビ出演もこなす。

美スタイル

2004年 8 月15日　初版第 1 刷発行

著　者　西尾 真由美
発行者　瓜谷 綱延
発行所　株式会社文芸社
〒160-0022　東京都新宿区新宿 1 － 10 － 1
電話 03-5369-3060（編集）
03-5369-2299（販売）

印刷所　東洋経済印刷株式会社

ISBN4-8355-7260-2 C0095